Karin Wroblowski

DER Ehe VERTRAG

Stiftung Warentest
Finanztest

Gut investiertes Geld

28

Die Kosten, die Sie für die Erstellung eines Ehevertrags aufbringen müssen, sind tatsächlich erheblich. Im Vergleich mit einer streitigen Scheidung relativiert sich die Investition in einen Ehevertrag jedoch schnell.

Wer bleibt, wer zieht aus?

Kommt es zur Trennung, ist der Wunsch sich möglichst bald auch räumlich voneinander abzugrenzen nachvollziehbar. Probleme treten dann auf, wenn Sie sich nicht einigen können, wer auszieht.

Vom Tabu zum Thema – Paargespräch über den Ehevertrag

124

Auch wenn es schwerfällt, die rosa Wölkchen für einen Moment beiseitezuschieben: Sprechen Sie das Thema Ehevertrag möglichst früh in der Partnerschaft an.

Inhalt

74

01

In guten Zeiten vorsorgen

Schauen Sie voraus!

In guten Zeiten für schlechte Zeiten vorsorgen, dieser Grundsatz sollte für jede neu geschlossene Ehe gelten.

„Wie jeder Seefahrer muss auch ein Wirtschaftler schon bei Sonnenschein die Sturmwarnsignale ernst nehmen und sein Schiff auf das Unwetter einrichten", beschrieb Hans-Olaf Henkel, ehemaliger Präsident des Bundesverbands der Deutschen Industrie, ein aus wirtschaftlicher Sicht sinnvolles Verhalten. Es lässt sich auch auf den privaten Bereich übertragen.

Selbstverständlich, eine Ehe ist auf Dauer anlegt. Wenn sie lange andauert und im besten Fall erst mit dem Tod eines der Ehepartner endet, ist sie ein Erfolg und für gewöhnlich zugleich ein Zeichen des gegenseitigen Vertrauens, der Kompromissbereitschaft und des Respekts. Dennoch sprechen die Statistiken leider eine eindeutige Sprache und zeigen, dass zahlreiche Ehen eben nicht auf Dauer halten.

Wahrscheinlich machen Sie sich Gedanken darüber, was passiert, wenn Sie plötzlich versterben und Ihre Familie ohne Sie wirtschaften muss. Dafür schließen Sie eine Risiko-Lebensversicherung ab. Sie überlegen sich außerdem, wie Sie Ihre Kinder später in Beruf und Ausbildung unterstützen können. Sie zahlen hierfür in eine Ausbildungsversicherung ein oder sparen für die Kinder monatliche Beträge an. Sie machen sich Gedanken, ob Ihre spätere Rente im Alter ausreicht, und schließen zusätzliche Altersvorsorgeverträge ab. Sie buchen eine Reise und sichern sich gegen das Risiko ab, dass Sie sie nicht antreten können. Diese Beispiele ließen sich problemlos fortsetzen.

Aber die meisten Menschen heiraten und machen sich keine Gedanken darüber, was die Folgen eines Scheiterns der Beziehung und Ehe sind. Das ist fahrlässig. Dieser Ratgeber zeigt Ihnen die Tücken des Familienrechts und gleichzeitig die Möglichkeiten für den Abschluss eines Ehevertrags. Sie erhalten Informationen darüber, wie Sie sich am besten auf das Gespräch über den Ehevertrag mit Ihrem Ehepartner vorbereiten, welches der beste Weg zum ausgewogenen Ehevertrag ist, für wen der Ehevertrag sinnvoll und für wen der Ehevertrag nahezu zwingend erforderlich ist. Sie erfahren, welche Folgen es hat, wenn Sie keinen Ehevertrag abgeschlossen haben, und bekommen Informationen an die Hand, wie Sie ein Scheidungsverfahren möglichst schnell und komplikationslos abschließen können. Sie lernen, welche Rechte Sie im Falle der Trennung auf Zahlung von Unterhalt, Zugewinnausgleich oder Rentenausgleich haben. Zudem bekommen Sie Einblick, wie Sie Vereinbarungen hierzu abweichend von den gesetzlichen Regelungen und unter Beachtung der Rechtsprechung zur Unwirksamkeit von Eheverträgen formwirksam und rechtssicher abschließen können.

Im besten Fall sind Sie nach Lektüre dieses Ratgebers gewappnet für den Sturm, der aufziehen kann. Im allerbesten Fall zieht dieser Sturm an Ihnen vorbei und die Sonne kommt hinter den Wolken hervor. Sollte das Unwetter jedoch Ihre Ehe zerschlagen, dann ist Ihr Schiff mit Hilfe dieses Ratgebers gut gerüstet.

Ein Ehevertrag schafft Klarheit

Wer heiratet, denkt zunächst an eine glückliche Zukunft. Die wenigsten Ehepaare machen sich vor der Heirat oder auch während der funktionierenden Ehe Gedanken über eine mögliche Trennung.

Viele Paare vermischen ihre Vermögenswerte. Sie legen gemeinsame Konten an, kaufen ein Haus zusammen oder erwerben Autos. Sie stellen zunächst keine Überlegungen an, wie diese Mischung der Vermögenswerte bei einer Trennung wieder aufgehoben werden kann.

Wenn Kinder aus der Beziehung hervorgehen, überlegen sich die wenigsten, wer diese im Falle einer Scheidung hauptsächlich betreut und wie dann die berufliche Zukunft des betreuenden Ehepartners aussieht.

Im Jahr 2022 wurden in Deutschland 137 353 Ehen geschieden. Die durchschnittliche Ehedauer betrug 15 Jahre. Zwar sinkt die Zahl der Ehescheidungen seit 2012 kontinuierlich, dennoch kann es jeden treffen. Menschen verändern sich, Paare verändern sich. Der Traummann oder die Traumfrau kann nach einigen Jahren nicht mehr zu Ihnen passen.

Das ist kein Versagen oder Verschulden, sondern so ist das Leben. Für diesen Fall sollten Sie jedoch gewappnet sein und sich schon in glücklichen Zeiten Gedanken darüber machen, wie Sie im schlimmsten Fall der Trennung im Guten auseinandergehen können.

Dabei sollte man stets im Hinterkopf behalten, dass es sich bei der Eheschließung an sich tatsächlich schon um einen gegenseitigen Vertrag handelt. Das berühmte Jawort vor dem Traualtar beinhaltet somit für beide Partner rechtliche Folgen.

Grundlage der Ehe sind Regelungen im Bürgerlichen Gesetzbuch (BGB). Daneben gibt es Regelungen in anderen Gesetzen. Das Versorgungsausgleichsgesetz (VersAusglG) zum Beispiel beschreibt die Aufteilung der Rente für den Fall der Scheidung, das Unterhaltsvorschussgesetz (UVG) wiederum regelt die Ansprüche auf Unterhaltsvorschussleistungen vom Staat. Es gelten auch besondere rechtliche Vorschriften im Gesetz über das Verfahren in Familiensachen (FamFG), die gegenüber der sonst geltenden Zivilprozessordnung Vorrang haben.

Für den Fall der Trennung und Scheidung regelt zunächst das Bürgerliche Gesetzbuch die Folgen: Es gibt vor, wann ein Scheidungsantrag eingereicht werden kann, wer wie viel Unterhalt an wen zahlen muss, wie die Vermögenswerte aufgeteilt werden, wer wie oft die Kinder sehen darf und vieles andere. Ob diese gesetzlichen Regelungen auf Ihre Ehe passen, sollten Sie sich gut überlegen. Wenn Sie im Vorfeld der Hochzeit wissen wollen, was im Fall der Trennung und Scheidung auf Sie zukommt, sollten Sie sich informieren, was das Gesetz für diesen Fall vorsieht. Wenn Sie feststellen, dass die gesetzlichen Regelungen für Sie passend sind und dem Bild, das Sie sich von Ihrer Ehe gemacht haben, entsprechen, benötigen Sie keinen Ehevertrag. Wenn Sie aber feststellen, dass aufgrund Ihrer besonderen Situation die gesetzlichen Regelungen zu Ungerechtigkeiten oder Unsicherheiten führen, dann sollten Sie in einem Ehevertrag die Trennungsfolgen regeln.

Ehevertrag mit passgenauen Regeln

Grundsätzlich sind die gesetzlichen Vorgaben abänderbar und ein Ehevertrag schafft in solchen Fällen Klarheit. Auch wenn Sie bereits vor der Heirat einfach nur Bescheid wissen wollen, wie Sie im Fall des Scheiterns auseinandergehen möchten, empfiehlt sich ein Ehevertrag.

Sie können sich aber immer nur dann über Vor- und Nachteile eines Ehevertrags im Klaren sein, wenn Sie zuvor wissen, wie die Trennung ohne Ehevertrag geregelt ist und welche Ansprüche Sie nach dem Gesetz gegen Ihren Ehepartner haben.

Nach Paragraf 1408 BGB können Sie Ihre güterrechtlichen Verhältnisse durch einen Ehevertrag regeln. Sie können sich also entscheiden, ob Sie den gesetzlichen Güterstand der Zugewinngemeinschaft beibehalten wollen oder andere nach dem Gesetz mögliche Güterstände wie Gütertrennung, Gütergemeinschaft, Wahl-Zugewinngemeinschaft oder eine modifizierte Zugewinngemeinschaft einrichten möchten (siehe „Die Wahl des Güterstands", ab Seite 47).

Möglich sind daneben viele weitere Übereinkünfte, wie zum Beispiel die Regelung der Vermögensverhältnisse bezüglich gemeinsamer Immobilien und der Übertragung von Grundbesitz, die Rückabwicklung von Schenkungen und Zuwendungen sowie die Regelung der Darlehensverträge, die Sie gemeinsam abgeschlossen haben.

Zudem lassen sich Vereinbarungen schließen über den Trennungsunterhalt, über den Unterhalt nach rechtskräftiger Scheidung, über die Berechnung und die Höhe des Kindesunterhalts, den Versorgungsausgleich Ihre Rente betreffend, die Aufteilung der Möbel und PKWs, die Nutzung der ehelichen Wohnung in der Trennungszeit und nach der Scheidung sowie zum Erbrecht oder zum Umgangs- und Sorgerecht bezüglich der gemeinsamen Kinder. Außerdem können erbvertragliche Regelungen getroffen werden und solche zur Aufhebung gemeinschaftlicher Testamente sowie für die Vereinbarung eines Pflichtteilsverzichts und bezüglich der Rechtswahl bei Ehen mit Ausländerbeteiligung. Festlegen lassen sich darüber hinaus die Namenswahl bei Heirat und die Rollenverteilung während der Ehe.

Dabei sind Sie frei darin zu entscheiden, ob Sie alle diese Sachverhalte und Gegenstände in einem Ehevertrag festschreiben möchten oder nur Teilbereiche davon. So ist es etwa möglich, dass Sie nur Vereinbarungen treffen, ob der Versorgungsausgleich durchgeführt wird, oder nur die Frage regeln, ob und in welcher Höhe Unterhalt zu zahlen ist.

Beachten Sie immer, dass schon die Trennung an sich für Sie und Ihren Ehepartner, aber insbesondere für Ihre gemeinsamen Kinder eine große Belastung sein wird. Die Emotionalität, die mit der Trennung verbunden ist, führt oft dazu, dass die finanziellen Folgen nicht mehr sachgerecht geregelt werden können. Das Misstrauen, das mit der Trennung oft einhergeht, bedingt, dass einvernehmliche Regelungen nur schwer, oftmals gar nicht mehr erreicht werden.

Auch aus diesem Grund ist ein zuvor geschlossener Ehevertrag von Vorteil, weil er Klarheit und in emotional schwieriger Zeit Freiraum schafft: Sie müssen nicht mit Ihrem Ehepartner über Geld oder Kinder streiten und Sie vermeiden langwierige und sehr kostspielige Gerichtsverfahren. Darüber hinaus ist es für gemeinsame Kinder einfacher, mit der Trennung der Eltern umzugehen, wenn diese sich nicht um jeden Cent Unterhalt oder jede Minute des Umgangsrechts streiten.

Neben dem vorsorgenden Ehevertrag, den Sie vor oder kurz nach der Heirat abschließen und der für den Fall der Scheidung Regelungen trifft, gibt es auch die Trennungsvereinbarung und die Scheidungsfolgenvereinbarung (siehe „Der richtige Zeitpunkt", Seite 26).

Das sagt das Gesetz

Vor der Entscheidung für einen Ehevertrag sollten Sie zunächst wissen: Welche Regeln gibt das Gesetz vor, wenn Sie keinen Ehevertrag schließen?

Die Trennung und Scheidung würden dann nach den gesetzlichen Vorgaben durchgeführt. Nach dem Bürgerlichen Gesetzbuch leben Sie im gesetzlichen Güterstand der Zugewinngemeinschaft, wenn Sie keine andere Regelung getroffen haben. Das bedeutet, dass bei Beendigung der Ehe geprüft wird, ob Sie oder Ihr Ehepartner einen höheren Zugewinn, also mehr Vermögen, in der Ehe erzielt haben.

Viele glauben, dass in der Ehe erspartes Vermögen immer beiden Eheleuten gleichermaßen zusteht. Das ist ein Irrglaube. Ihre Vermögen bleiben in der Ehe grundsätzlich getrennt. Eigene Vermögenswerte, etwa das Guthaben auf Ihrem Bankkonto oder das Kapital in einer Lebensversicherung, gehören auch in der Ehe Ihnen allein. Das Gleiche gilt, wenn Sie zum Beispiel in der Ehe ein Depot aus Ihrem Nettoeinkommen angespart haben.

Anders verhält es sich nur, wenn Sie bewusst Vermögenswerte gemeinsam erworben haben, also beispielsweise ein gemeinsames Girokonto eingerichtet oder eine gemeinsame Immobilie gekauft haben.

Scheidungsquote

Die Scheidungsquote in Deutschland im Jahr 2022 betrug rund

35 %

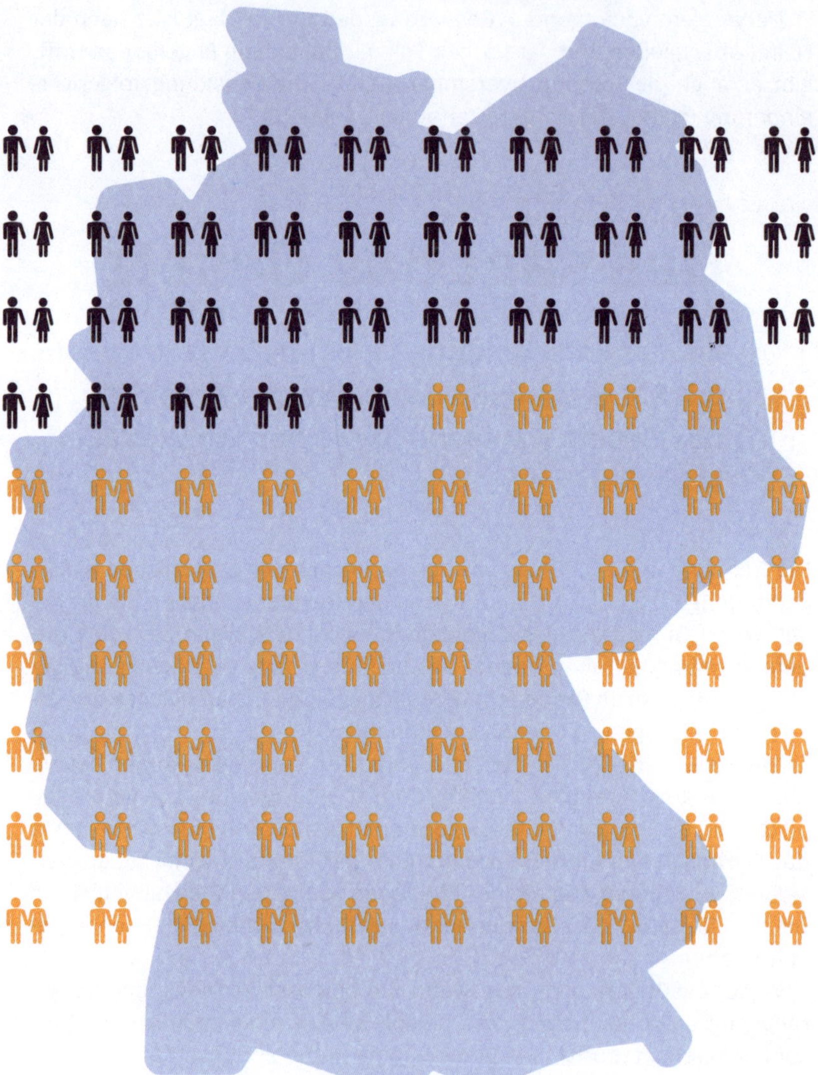

Vor- und Nachteile des Zugewinnausgleichs

Wenn Sie keinen Ehevertrag abgeschlossen haben, sieht das Gesetz vor, dass ein Zugewinnausgleich vorgenommen wird. Es wird dann für jeden Ehepartner verglichen, was zum Zeitpunkt der Heirat an Vermögen vorhanden war und was jeder am Ende der Ehe an Vermögen besitzt. Die Differenz ist der sogenannte Zugewinn. Wenn Sie am Anfang ein Sparkonto mit 5 000 Euro angespart hatten und am Ende der Ehe auf diesem Sparkonto 20 000 Euro sind, dann haben Sie in der Ehe 15 000 Euro dazugewonnen. Wenn Ihr Ehegatte in der Ehe kein Vermögen aufgebaut hat, dann müssen Sie von Ihrem Zugewinn in Höhe von 15 000 Euro die Hälfte, also 7 500 Euro, als Zugewinn an ihn auszahlen.

In manchen Fällen scheint es ungerecht zu sein, den Partner an dem in der Ehe erzielten Vermögenszuwachs oder Zugewinn teilhaben zu lassen. Haben Sie zum Beispiel einen anspruchsvollen Job mit sehr gutem Verdienst, entsteht aus diesem Einkommen ein Vermögen. Vielleicht verdient Ihr Partner aus eigener Entscheidung nicht so gut und konnte nur wenig ansparen. Sollen Ihre Vermögen im Fall einer Trennung nicht ausgeglichen werden, müssen Sie ehevertragliche Regelungen zum Güterstand treffen.

Im Gesetz ist außerdem vorgesehen, dass Erbschaften in der Familienlinie verbleiben sollen, aus der sie stammen. Gleiches gilt für Schenkungen, die Sie in Erwartung einer späteren Erbschaft erhalten haben. Das bedeutet: Wenn Ihre Eltern sterben und Sie deren Haus erben, dann soll dieses in Ihrem Vermögen bleiben und beim Zugewinn nicht ausgeglichen werden.

Anfangsvermögen und Zugewinn

Dieses sogenannte privilegierte Anfangsvermögen wird – egal, wann Sie es in der Ehe erhalten haben – dem Vermögen zum Stichtag Ihrer Heirat zugerechnet und damit quasi aus dem Zugewinn herausgenommen. Allerdings ist damit der Wertzuwachs dieser Immobilie nicht neutralisiert. Ein Beispiel soll das verdeutlichen:

Sie heiraten im Jahr 2001, zum Hochzeitsdatum haben Sie und Ihr Ehepartner kein Vermögen. Im Jahr 2006 stirbt Ihre Mutter, im Jahr 2009 Ihr Vater. Das Elternhaus geht im Rahmen des Erbes im Jahr 2009 in Ihr Eigentum über und Sie werden Alleineigentümerin. Bei der Berechnung eines Zugewinns wird nun diese Immobilie in Ihr Anfangsvermögen verbucht. Nehmen wir an, die Immobilie hatte im Jahr 2009, als Sie sie geerbt haben, einen Wert von 240 000 Euro. Sie haben im Zeitraum von 2009 bis 2020 umfangreiche Sanierungs- und Modernisierungsarbeiten an der Immobilie vorgenommen. Sie hat nun zum Zeitpunkt der Zustellung des Scheidungsantrags einen Wert von 400 000 Euro. Ihr Zugewinn beträgt dann 160 000 Euro und resultiert allein aus dem Wertzuwachs der Immobilie während der Ehe.

Eine weitere Besonderheit ist es, dass das Anfangsvermögen indexiert wird. Das bedeutet, dass der Wert des Vermögens den heutigen Lebenshaltungskosten angepasst wird. Hiermit wird verhindert, dass allein durch den Kaufpreisschwund entstehende Wertunterschiede aufgefangen werden.

Das Tilgen von Schulden während der Ehe stellt gleichfalls einen Zugewinn dar, der nach den gesetzlichen Regelungen auszugleichen ist. Gehen wir davon aus, dass Sie zum Tag Ihrer Heirat ein Darlehen mit einer Restschuld von 10 000 Euro hatten. Am Ende der Ehe haben Sie dieses Darlehen abbezahlt und darüber hinaus ein Sparkonto mit 20 000 Euro. In diesem Fall haben Sie aus rechtlicher Sicht nicht 20 000 Euro an Vermögen dazugewonnen, sondern 30 000 Euro. Hat Ihr Ehepartner in der Zeit der Ehe keinen Zugewinn, müssen Sie daher 15 000 Euro als Zugewinnausgleich zahlen.

Der gesetzliche Güterstand der Zugewinngemeinschaft bedeutet also, dass Ihre Vermögen grundsätzlich getrennt bleiben. Am Ende der Ehe werden Vermögensbilanzen zum Stichtag der Heirat und zum Stichtag der Zustellung des Scheidungsantrags erstellt. In diese Vermögensbilanzen fließen sowohl Aktivvermögen, wie Sparkonten, Girokonten oder Kapitallebensversicherungen, als auch Passivvermögen, zum Beispiel Darlehen, ein. Daraufhin wird der Zugewinn zwischen End- und Anfangsvermögen ermittelt und der Ehepartner, der den höheren Zugewinn hat, muss dem anderen Ehepartner die Hälfte der Differenz ausgleichen.

Diese gesetzlichen Regelungen können Sie ändern, indem Sie einen der folgenden Güterstände wählen: Gütertrennung, Gütergemeinschaft oder modifizierte Zugewinngemeinschaft.

Ehevertrag und Unterhaltsansprüche

Bei einer Trennung ist es für Sie außerdem existenziell wichtig, zu wissen, ob und in welcher Höhe Sie Ansprüche auf Unterhalt haben. Den Trennungsunterhalt in der Höhe und mit Berechnungsgrundlagen in einem vorsorgenden Ehevertrag festzulegen, ist allerdings äußerst schwierig. Laut Gesetzgeber ist es nicht möglich, auf Trennungsunterhalt zu verzichten. Wie hoch er ausfallen wird und auf welchen Berechnungsgrundlagen er basiert, ist jedoch ungewiss. Denn es ist nicht absehbar, wann die Trennung erfolgt und auf welchem Karriereniveau die Eheleute sich dann befinden. Da gesetzliche Regelungen in Paragraf 1361 BGB für den Trennungsunterhalt vorgegeben sind, und diese unverzichtbar sind, sollte in einen vorsorgenden Ehevertrag keine Regelung zum Trennungsunterhalt aufgenommen werden.

Aber in einem vorsorgenden Ehevertrag können Regelungen zum Unterhalt während der Ehe getroffen werden, zum sogenannten Familienunterhalt. So kann vereinbart werden, dass in der Ehe der eine Ehepartner in Vollzeit arbeiten geht und damit den finanziellen Grundbedarf der Familie erbringt, während der andere sich um Haushalt und Kinder kümmert. Derartige Regelungen sind selten und bedeuten für den Fall der späteren Scheidung ein hohes Risiko. Im Rahmen von Streitigkeiten über nacheheliche Unterhaltsansprüche wird tatsächlich oft darüber gesprochen, ob die Ehe so gestaltet war, dass einer der Partner nicht arbeiten und den Haushalt führen sollte, während der andere die finanziellen Einkünfte für die Familie erzielte. Wenn dies so im vorsorgenden Ehevertrag vereinbart wurde, kann daraus ein sehr langer nachehelicher Unterhaltsanspruch des den Haushalt führenden Ehepartners entstehen, der auf die finanzielle Unterstützung des anderen angewiesen ist. Von einer solchen Regelung im vorsorgenden Ehevertrag ist daher unbedingt abzuraten.

Auch der nacheheliche Unterhaltsanspruch, also der Anspruch auf Zahlung von Unterhalt nach rechtskräftiger Scheidung, ist in einem vorsorgenden Ehevertrag üblich und möglich.

Unterhalt wegen Kinderbetreuung

Das Gesetz sieht verschiedene Regelungen dafür vor, wann über die Scheidung hinaus noch nachehelicher Unterhalt zu zahlen ist. Der wichtigste Grund ist hier sicher der Unterhalt wegen Betreuung gemeinsamer Kinder nach Paragraf 1570 BGB:

Nach dieser gesetzlichen Vorschrift ist zunächst geregelt, dass der betreuende Elternteil von dem nicht betreuenden in den ersten drei Lebensjahren des gemeinsamen Kindes Unterhalt verlangen kann. Während dieser Zeit ist der Betreuende der Kinder nicht verpflichtet, erwerbstätig zu sein. Es heißt dort weiter: „Die Dauer des Unterhaltsanspruchs verlängert sich, solange und soweit dies der Billigkeit entspricht. Dabei sind die Belange des Kindes und die bestehenden Möglichkeiten der Kinderbetreuung zu berücksichtigen."

Daraus hat die Rechtsprechung entwickelt, dass ab dem dritten Lebensjahr zwar die Aufnahme einer Teilzeittätigkeit zur Erzielung eigener Einkünfte verlangt wird, aber erst später eine Vollzeittätigkeit erwartet wird. Das Gesetz hat bewusst keine festen Altersgrenzen genannt. Jeder Einzelfall wird hier von den Gerichten hinsichtlich der Frage geprüft, ob und wie die Kinderbetreuung mit einer Erwerbstätigkeit kombiniert werden kann und muss. Es macht einen Unterschied, ob die Kinderbetreuung auf dem Land erfolgt oder in der Stadt, ob das Kind besonderen Betreuungsbedarf hat oder die Mutter in ihrem Beruf Schichtdienste oder lange Fahrtzeiten bewältigen muss.

Tatsächlich ist durch diese Rechtsprechung der Unterhaltsanspruch wegen Kinderbetreuung in der anwaltlichen Praxis am schwierigsten zu prognostizieren. Wenn Rechtsanwältinnen gefragt werden, wie lange dieser Unterhalt gezahlt werden muss, dann werden je nach Mandatssituation unterschiedliche Aussagen getätigt. Um diese Unwägbarkeiten auszuschließen, macht ein vorsorgender Ehevertrag durchaus Sinn. Darin können Sie regeln, wie lange Sie Betreuungsunterhalt gesichert haben möchten.

Das Gesetz sieht noch weitere Unterhaltsansprüche vor, die nach rechtskräftiger Scheidung in Betracht kommen. So gibt es einen Unterhaltsanspruch wegen Alters (§ 1571 BGB). Wenn Sie zum Zeitpunkt der Scheidung bereits kurz vor der Rente stehen, Ihr Ehepartner aber noch erwerbstätig ist, dann steht Ihnen dieser Unterhalt zu.

Umstrittener nachehelicher Unterhalt

Wenn Sie aus Krankheitsgründen nicht erwerbstätig sein können, sieht das Gesetz in Paragraf 1572 BGB einen Unterhaltsanspruch für die Zeit nach der rechtskräftigen Scheidung vor. Über diesen Unterhaltsanspruch entstehen sehr viele Streitigkeiten vor Gericht.

Insbesondere die Frage psychischer Erkrankungen wie Burn-out, Depressionen, aber auch chronische Rückenleiden oder andere Erkrankungen werden immer wieder als Begründung dafür herangezogen, dass ein Ehepartner sich nach der rechtskräftigen Scheidung nicht durch eigene Erwerbstätigkeit selbst unterhalten kann.

Dabei werden außergerichtlich zunächst eine Arbeitsunfähigkeitsbescheinigung und ärztliche Atteste vorgelegt, die von dem anderen Ehepartner oftmals bezweifelt werden. Im gerichtlichen Verfahren müssen dann medizinische Sachverständigengutachten zu der Frage der mangelnden Erwerbsfähigkeit eingeholt werden. Das bedeutet zum einen eine erhebliche Verzögerung des Scheidungsverfahrens – verbunden mit der Ungewissheit über die wichtige Frage, ob, in welcher Höhe und wie lange Krankheitsunterhalt gezahlt werden muss. Zum anderen steigen durch das Einholen medizinischer Sachverständigengutachten zur Frage der Erwerbsfähigkeit die Kosten des gesamten Scheidungsverfahrens. Es empfiehlt sich daher, in einem vorsorgenden Ehevertrag zu überlegen, ob dieser Unterhaltsanspruch ausgeschlossen werden sollte.

Ein weiterer nachehelicher Unterhaltsanspruch ist in Paragraf 1573 BGB geregelt. Hier geht es um die Frage, ob Unterhalt wegen Arbeitslosigkeit verlangt werden kann oder ob aufgrund geringerer Einkünfte eines Ehepartners eine Differenz zu den Einkünften des anderen Partners besteht. Dieser Unterhaltsanspruch besteht im Grunde in jeder Ehe, denn dass die Eheleute ein gleich hohes Einkommen haben, ist eher selten. In der Regel besteht eine Differenz zwischen den Einkünften, und in diesem Fall ist über Paragraf 1573 BGB und den dort geregelten Aufstockungsunterhalt immer ein Anspruch gegeben. Auch hier sollten Sie also überlegen, ob Sie die Differenz in Ihren Einkünften nach rechtskräftiger Scheidung für eine Übergangszeit auszugleichen bereit sind oder ob ab Scheidung jeder Ehepartner von seinen Einkünften seinen Lebensunterhalt selbst sicherstellen sollte.

Außerdem hat der Gesetzgeber noch einen Unterhaltsanspruch wegen Ausbildung, Fortbildung und Umschulung in Paragraf 1575 BGB geschaffen. Wenn Ihr Ehepartner vor oder während der Ehe eine Ausbildung zugunsten der Ehe nicht aufgenommen oder aufgegeben hat und diese Ausbildung ohne zeitliche Verzögerung nach der Scheidung wieder aufnimmt, dann müssen Sie Ausbildungsunterhalt zahlen. Auch dieser Punkt kann zwischen getrennt lebenden Eheleuten äußerst umstritten sein. Der eine Partner wird behaupten, dass er immer schon die Ausbildung zum Bankkaufmann machen wollte und diese nur wegen der Ehe und der damit verbundenen Haushaltsführung nicht aufgenommen oder nicht beendet hat. Der andere wird dagegenhalten, dass eine solche Ausbildung nie geplant war oder aus Gründen des persönlichen Scheiterns nicht beendet wurde. Streit ist hier vorprogrammiert. In einem vorsorgenden Ehevertrag kann dieser Unterhaltsanspruch geregelt oder ausgeschlossen werden.

Schließlich gibt es noch den Auffangtatbestand des Unterhalts wegen Billigkeit nach Paragraf 1576 BGB. Immer wenn im Gesetz von Billigkeit die Rede ist, dann gibt es im Grunde keine festen Regeln, wann nach dieser Vorschrift Unterhalt zu zahlen ist. Hier zählt das Gerechtigkeitsempfinden der Richter, die die Billigkeit zu beurteilen haben. Dabei sind ihnen aber enge Grenzen gesetzt. Es handelt sich dabei um Fälle, in denen zum Beispiel die Eltern eines Ehepartners gepflegt werden und daher eine Erwerbstätigkeit nicht möglich ist oder wenn die Eheleute gemeinschaftlich ein Pflegekind aufgenommen haben, das erhöhten Betreuungsbedarf hat. Auch hierzu können Sie Regelungen im vorsorgenden Ehevertrag aufnehmen.

Modelle der Kinderbetreuung

Wenn aus Ihrer Ehe Kinder hervorgegangen sind, bestehen möglicherweise Kindesunterhaltsansprüche. Ob und in welcher Höhe Kindesunterhalt gezahlt werden muss, richtet sich zunächst einmal danach, welches Betreuungsmodell Sie für Ihre Kinder gewählt haben.

Das sogenannte Residenzmodell ist der bisherige Normalfall: Die Kinder leben im Haushalt eines Elternteils und der andere Elternteil hat regelmäßig, meistens alle 14 Tage am Wochenende, mit den Kindern Umgang.

In letzter Zeit wird häufiger das sogenannte Wechselmodell eingerichtet. Dann leben die Kinder jeweils eine Woche bei der Mutter und anschließend eine Woche beim Vater.

Außerdem gibt es noch das Nestmodell. Hierfür wird eine Familienwohnung, also ein „Nest", eingerichtet, in dem die Kinder dauerhaft leben. Die Eltern haben jeweils eine eigene Wohnung und leben abwechselnd eine Woche allein in ihrer Wohnung und in der nächsten Woche in der Familienwohnung. Dieses Modell ist kostenträchtig, da das Paar hierfür insgesamt drei Wohnungen (Mama-Wohnung, Papa-Wohnung und Familienwohnung) unterhalten muss. Für die Kinder besteht der Vorteil darin, dass sie die Wohnung nicht wechseln müssen. Die unterschiedlichen Betreuungsmodelle ziehen unterschiedliche Folgen zum Kindesunterhalt nach sich.

Das Bürgerliche Gesetzbuch regelt den Kindesunterhalt bisher nur nach dem Residenzmodell. Dies sieht vor, dass derjenige Elternteil, der die Kinder hauptsächlich betreut und bei dem die Kinder ihren Lebensmittelpunkt haben, Kindesunterhalt erhält. Damit sollen die Kosten abgedeckt werden, die im Alltag für die Kinder anfallen – dies umfasst sowohl laufende Ausgaben für Lebensmittel, Kleidung oder Wohnen als auch Sonderkosten wie Beiträge zu Sportvereinen, Musikschulen etc.

Für die Betreuung von Kindern im paritätischen, also vollständig gleichberechtigten Wechselmodell oder im Nestmodell mit Betreuungsanteilen von jeweils 50 Prozent haben die Gerichte andere Berechnungsmodelle des Kindesunterhalts entwickelt. Hier wird anhand der Einkünfte von beiden Elternteilen und anhand der Frage, wer das Kindergeld erhält und wer welche Kosten für die Kinder übernimmt, ermittelt, in welcher Höhe ein Ausgleich erfolgen muss.

In welcher Höhe Kindesunterhalt im Residenzmodell gezahlt werden muss, richtet sich grundsätzlich nach dem durchschnittlichen Nettoeinkommen des nicht betreuenden Elternteils und dem Alter des Kindes.

Die Rechtsprechung hat hierzu eine Tabelle erstellt, die sogenannte Düsseldorfer Tabelle (siehe Seite 68), die einmal jährlich immer zum 1. Januar angepasst wird.

Angenommen, die Mutter betreut die beiden gemeinsamen vier und acht Jahre alten Kinder und der Vater muss Kindesunterhalt zahlen. Wenn der Vater netto zirka 2 550 Euro verdient, dann ergibt sich aus der Einkommensgruppe 3 der Düsseldorfer Tabelle für das vierjährige Kind ein Unterhaltsanspruch von 528 Euro und für das achtjährige Kind ein Unterhaltsanspruch von 607 Euro.

Derjenige Elternteil, bei dem die Kinder ihren Lebensmittelpunkt haben, besitzt den Anspruch auf Auszahlung des Kindergelds – in unserem Beispiel also die Mutter. Grundsätzlich sollen aber beide Elternteile an diesem Kindergeld teilhaben, deshalb wird bei der Berechnung des Kindesunterhalts das hälftige Kindergeld von dem oben genannten Tabellenbetrag abgezogen.

Für das vierjährige Kind sind 528 Euro abzüglich 125 Euro, also 403 Euro zu zahlen und für das achtjährige Kind 607 Euro abzüglich 125 Euro, also 482 Euro. Insgesamt hätte in diesem Beispiel der Vater an die Mutter also Kindesunterhalt in Höhe von insgesamt 885 Euro zu zahlen.

So sieht die gesetzliche Regelung im Residenzmodell aus. Hiervon können Sie in einem Ehevertrag abweichende Regelungen treffen. Nur ein vollständiger Verzicht auf Kindesunterhalt ist nicht möglich, da es sich grundsätzlich um einen Anspruch der Kinder selbst handelt.

Für das Wechselmodell und das Nestmodell sieht das Gesetz im Moment keine Regelung vor. Hierzu hat die Rechtsprechung der Gerichte in den vergangenen Jahren Berechnungen entwickelt, die berücksichtigen, dass beide Eltern finanzielle Aufwendungen für die Kinder haben.

Zeitaufteilung mit Folgen

Diese Ausgleichsberechnungen und damit verbunden der Wegfall der Zahlung des vollen Kindesunterhalts durch den nicht betreuenden Elternteil gilt allerdings nur, wenn Sie ein vollkommen gleichberechtigtes Wechselmodell oder Nestmodell leben. Das bedeutet, jeder von Ihnen muss die gemeinsamen Kinder zu genau 50 Prozent betreuen. Das wird erreicht, wenn zum Beispiel ein Wochenwechsel stattfindet, die Kinder also eine Woche von Sonntag bis Sonntag bei der Mutter und im Anschluss eine Woche von Sonntag bis Sonntag beim Vater leben und dort betreut werden.

Wenn Sie eine andere Zeitaufteilung wählen, also beispielsweise der Vater die Kinder an acht Tagen von Sonntag bis Montag betreut und die Mutter an sechs Tagen von Montag bis Sonntag, dann verhält es sich nach jetziger Gesetzeslage und Rechtsprechung folgendermaßen:

Die weniger betreuende Mutter muss Kindesunterhalt nach der Düsseldorfer Tabelle zahlen und der Vater muss keinen Kindesunterhalt zahlen. Die Betreuung, die nicht nur am Umgangswochenende geleistet wird und damit mehr ist als im klassischen Residenzmodell üblich, kann nur bei der Einordnung in die Einkommensgruppen der Düsseldorfer Tabelle berücksichtigt werden. Im oben genannten Beispiel würde man die eigentliche Einkommensgruppe der Mutter um ein oder zwei Gruppen herabstufen und auf diese Weise den Betreuungsanteil der Mutter berücksichtigen. In der Bundesregierung gibt es Pläne, hier Änderungen vorzunehmen. Ein entsprechender Gesetzesentwurf sieht bei höherem Betreuungsanteil eine Herabsetzung des Unterhalts vor.

Das Bundesjustizministerium schreibt hierzu: „Von einer Betreuung im asymmetrischen Wechselmodell soll nach dem Eckpunktepapier ausgegangen werden, wenn der Betreuungsanteil des mitbetreuenden Elternteils mehr als 29 Prozent beträgt. Ab dieser Schwelle soll die vorgeschlagene Neuregelung greifen. Berechnet werden soll der Betreuungsanteil anhand eines nachprüfbaren, objektiven Kriteriums, das auch in der Fachwelt akzeptiert ist: der Anzahl der Übernachtungen des Kinds beim jeweiligen Elternteil pro Jahr. Ab wie vielen Übernachtungen pro Jahr die Schwelle zum asymmetrischen Wechselmodell überschritten wird, ist in der Anlage zum Eckpunktepapier näher erläutert. Eine Betreuung lediglich an jedem zweiten Wochenende und in der Hälfte der Schulferien reicht hierfür regelmäßig nicht aus." (Bundesministerium der Justiz, Pressemitteilung vom 25.08.2023, Nr. 53/2023)

In der Praxis wird dieser Gesetzesentwurf kritisiert, weil damit eine Vermischung der Themen Unterhalt und Umgang erfolgt, den die Familienanwälte in der Regel nicht unbedingt befürworten. Gerade in Umgangsverfahren, in denen es darum geht, wie viel Umgang der nicht betreuende Elternteil mit den Kindern hat, wird zukünftig um jeden Tag und jede Stunde gefeilscht werden. Denn dies hat dann Auswirkungen auf den zu zahlenden Unterhalt.

Bei der Planung Ihres Ehevertrags sollten Sie daher überlegen, wie der Kindesunterhalt geregelt werden soll, falls Sie ein Wechsel- oder Nestmodell bei einer Trennung mit Ihren Kindern leben wollen. Hier sollten Sie sowohl Überlegungen einfließen lassen, wie die Unterhaltsberechnung erfolgen soll, wenn Sie beide genau gleiche Betreuungsanteile übernehmen, als auch, wenn Sie beide unterschiedliche Betreuungsanteile haben.

Weitere nacheheliche Unterhaltsansprüche

Das Gesetz sieht darüber hinaus Regelungen zur Zahlung von Ehegattentrennungsunterhalt vor. So steht Ihnen nach dem Gesetz im ersten Jahr nach der Trennung Unterhalt zu, wenn Ihr Einkommen geringer ist als das Einkommen Ihres Partners. In dem Jahr der Trennung müssen Sie an Ihren Arbeitsverhältnissen im Übrigen nichts ändern. Der Gesetzgeber hat das Trennungsjahr vor Einreichung des Scheidungsantrags dazu vorgesehen, dass Sie beide überlegen, ob Sie sich wirklich trennen wollen oder ob Sie der Ehe noch eine Chance geben.

Der Hintergrund: Wenn Sie im Trennungsjahr bereits verpflichtet wären, statt Ihrer bisherigen Teilzeittätigkeit eine Vollzeittätigkeit aufzunehmen, könnte dies bei einem Versöhnen nicht einfach rückgängig gemacht werden und der Sinn des Trennungsjahrs wäre nicht erreicht.

Also sieht das Gesetz vor, dass ab der Trennung im Grunde die wirtschaftlichen Verhältnisse, die Ihre Ehe geprägt haben, beibehalten werden können. Wenn Sie weniger verdienen als Ihr Ehepartner, steht Ihnen dann Trennungsunterhalt zu.

Nach dem Trennungsjahr und für den Fall der Scheidung sieht das Gesetz zudem nacheheliche Unterhaltsansprüche wie oben beschrieben vor. Unterschiedliche Voraussetzungen müssen dabei erfüllt sein: So besteht ein nachehelicher Unterhaltsanspruch, wenn Sie wegen der Betreuung gemeinsamer Kinder nicht oder weniger arbeiten können oder wenn Sie aufgrund von Krankheit, Alter oder Arbeitslosigkeit nicht arbeiten können. Auch wenn Ihre Ehe von langer Dauer war, und Ihre wirtschaftlichen Verhältnisse noch nicht endgültig geregelt sind und Sie unterschiedlich hohe Einkünfte erzielen, kann ein nachehelicher Aufstockungsunterhalt nach dem Gesetz zu zahlen sein.

Das Gesetz sieht außerdem die Möglichkeit der stufenweisen Herabsetzung des Unterhalts oder der Befristung vor. Es nennt hierbei allerdings keine festen Zeiträume, sondern das Familiengericht prüft jeweils den individuellen Fall und entscheidet sodann, wie lange Unterhalt nach der Scheidung zu zahlen ist.

Gerade die Frage einer möglichen Befristung bedeutet für beide Eheleute eine große Unsicherheit. Denn sowohl derjenige, der zahlen muss, als auch derjenige, der den Unterhalt erhält, ist interessiert daran zu wissen, bis wann die Zahlungen laufen werden.

Von diesen gesetzlichen Regelungen können Sie in einem Ehevertrag abweichen. Sie können den Unterhalt in seiner Höhe bestimmen und eine Befristung des Unterhalts festschreiben – Sie können also regeln, bis wann der Unterhalt gezahlt werden muss.

Versorgungsausgleich und Hausfrauen-Ehe

Gesetzliche Regelungen sind bei einer Scheidung auch für den sogenannten Versorgungsausgleich vorgegeben. Dieser soll sicherstellen, dass die Eheleute für die Zeit, in der sie verheiratet waren, die gleichen Rentenanwartschaften gutgeschrieben bekommen. Hintergrund dieser gesetzlichen Regelung war die früher übliche klassische Hausfrauen-Ehe: Bei diesem Modell blieb die Ehefrau zu Hause, betreute die Kinder und arbeitete gar nicht oder nur in sehr geringem Umfang. Damit zahlte sie nicht oder kaum in die eigene Rente ein, während der Ehemann arbeiten ging und dadurch eine hohe eigene Rente erwarb.

Nicht nur die Frage des monatlichen Einkommens, sondern auch die Frage, in welcher Höhe nach einer Scheidung Renten gezahlt werden und ob hier die Rente Ihres Ehepartners eine Rolle spielt, sind wichtig in puncto finanzielle Absicherung. Sie können im Ehevertrag andererseits auch regeln, dass bestimmte Rentenanrechte, die Sie in der Ehe erworben haben, nicht an den Ehepartner bei der Scheidung übertragen werden oder aber Sie vereinbaren, dass der Rentenausgleich nach den gesetzlichen Bestimmungen erfolgt.

Wenn bei Gericht die Scheidung einer Ehe beantragt wird, klärt das Gericht automatisch, wer welche Rentenanwartschaften in der Ehe erworben hat und wie diese aufgeteilt werden. Der Gesetzgeber hatte bei den Regelungen zum Versorgungsausgleich das Ziel, beide Eheleute gleichberechtigt an den Rentenanwartschaften, die in der Ehe erworben wurden, teilhaben zu lassen.

Eine Rentenanwartschaft ergibt sich daraus, dass Sie von Ihrem monatlichen Bruttoeinkommen einen bestimmten Prozentsatz an die gesetzliche Rentenversicherung zahlen. Mit diesem monatlichen Abzug von Ihrem Gehalt, erwerben Sie einen Teil Ihrer späteren Rente.

Für das Modell der klassischen Hausfrauen-Ehe bedeutet dies, dass der oft besserverdienende Ehemann durch sein hohes Bruttoeinkommen jeden Monat eine hohe Rentenanwartschaft erwirbt. Die Hausfrau ohne eigenes oder mit nur geringem Einkommen erwirbt hingegen keine oder eine nur geringere Rentenanwartschaft.

Das Konzept der Hausfrauen-Ehe ist durchaus immer noch verbreitet, und hierfür sind die gesetzlichen Regelungen zutreffend und ausreichend. Wenn Ihre Ehe aber durch ein anderes Modell der Kinderbetreuung und der Arbeitstätigkeit geprägt ist oder war, dann sollte über einen Ehevertrag eine andere Regelung zum Versorgungsausgleich getroffen werden.

Rentenanrechte ermitteln

Zu berücksichtigen ist bei Ihren Überlegungen zum vorsorgenden Ehevertrag, dass nicht nur die gesetzlichen Rentenanwartschaften im Versorgungsausgleich nach dem Gesetz ausgeglichen werden, sondern alle möglichen Rentenanrechte. Das betrifft also Ansprüche aus der gesetzlichen Rentenversicherung bei der Deutschen Rentenversicherung (DRV), aus betrieblicher Altersvorsorge, die Ihr Arbeitgeber für Sie abgeschlossen hat, aus privaten Rentenversicherungsverträgen (Riester-/Rürup-Verträge), Lebensversicherungen, die verrentet werden oder bei denen das Wahlrecht bereits zur Rentenzahlung ausgeübt wurde, aus berufsständischer Versorgung (Versorgungswerke der Ärzte, Architektinnen, Apotheker, Steuerberater, Wirtschaftsprüferinnen, Notare oder Rechtsanwältinnen), aus Zusatzversorgungen der öffentlichen Kassen (Rheinische Zusatzversorgungskasse oder Kirchliche Zusatzversorgungskasse) sowie aus beamtenrechtlichen Pensionsansprüchen.

Zu Beginn des Scheidungsverfahrens müssen Sie dem Gericht einen Fragebogen vorlegen, in dem Sie alle Rentenversorgungsträger, bei denen Sie während der Ehe Rentenanwartschaften erworben haben, eingetragen haben. Sie sind verpflichtet, alles vollständig anzugeben. Vergessene Anrechte werden später nicht ausgeglichen, insofern ist es ratsam, den Fragebogen Ihres Ehepartners sorgfältig auf Vollständigkeit zu prüfen. Das Gericht holt dann Auskünfte ein, in welcher Höhe in der Zeit, in der Sie verheiratet waren, Rentenanwartschaften erworben wurden.

Wichtig zu wissen: Als Ehezeit gilt hier die Spanne vom ersten Tag des Heiratsmonats bis zum letzten Tag des Monats vor Zustellung des Scheidungsantrags. Das Trennungsdatum spielt keine Rolle.

Wenn Sie am 13.02.2003 geheiratet haben und der Scheidungsantrag Ihnen am 15.04.2024 zugestellt wurde, dann erstreckte sich die Ehezeit vom 01.02.2003 bis zum 31.03.2024. Für diese Zeit werden die Rentenansprüche ausgeglichen, und zwar nach dem sogenannten Halbteilungsgrundsatz. Das heißt, immer die Hälfte der von einem Ehepartner eingezahlten Rentenanwartschaften wird auf das Rentenkonto des anderen Ehepartners umgebucht.

Hat die Ehe nicht mehr als drei Jahre gedauert, findet ein Versorgungsausgleich nicht automatisch, sondern nur auf Antrag statt. Bitte beachten Sie: Auch hier ist die Zustellung des Scheidungsantrags und nicht das Trennungsdatum der Endzeitpunkt der Ehe.

Wenn der ermittelte Ausgleichswert, also der hälftige in der Ehezeit erworbene Anwartschaftswert, bestimmte Wertgrenzen nicht übersteigt, handelt es sich um ein Bagatellanrecht, das nicht ausgeglichen wird. (Wertgrenzen für 2024: 4 224 Euro für West- und 4 158 Euro für Ostdeutschland)

Werden bestimmte Grenzen nicht überschritten, können Versorgungsträger auch die sogenannte externe Teilung verlangen. Dann wird nicht wie im gesetzlichen Regelfall das Anrecht hälftig geteilt und für diesen Ausgleichsbetrag bei dem gleichen Versorgungsträger ein neuer Vertrag für den Ehevertrag geschlossen, sondern der Ausgleichsberechtigte muss eine eigene riesterfähige Versicherung finden, die diesen Betrag aufnimmt. Hierfür hat der Gesetzgeber eine eigene Versorgungsausgleichskasse geschaffen, in die der Betrag eingezahlt werden kann.

Vereinbarungen zum Versorgungsausgleich sind in fast jeder Form möglich. Vor der Vereinbarung im vorsorgenden Ehevertrag sollten Sie zusammentragen, welche Rentenanwartschaften Sie erwerben und wie Ihre Altersvorsorge zukünftig gestaltet werden soll. Daraufhin können Sie im Vorfeld des Ehevertrags überlegen, wie Sie und Ihr Ehepartner an den Rentenanwartschaften des jeweils anderen beteiligt werden sollen.

Regeln für eheliche Wohnung und Immobilien

Scheitert Ihre Ehe, kommt die Frage auf, wer aus der ehelichen Wohnung auszieht und was mit dem gemeinsamen Immobilienvermögen geschieht (siehe „Wer verlässt das Zuhause?", ab Seite 74).

Das Gesetz sieht vor, dass in bestimmten Ausnahmen einem der Ehepartner die Wohnung zur alleinigen Nutzung zugewiesen werden kann. Dies wäre beispielsweise der Fall, wenn die Trennung Auswirkungen auf das Kindeswohl hat, weil Ihr Ehepartner Ihnen gegenüber gewalttätig geworden ist. Diese gesetzlich mögliche Zuweisung der ehelichen Wohnung ist aber an strenge Voraussetzungen geknüpft. In einem Ehevertrag können Sie vorab zur Nutzung der ehelichen Wohnung bei Trennung Regelungen treffen.

Sie sehen, gesetzliche Regelungen können Ihnen ausreichende Rechte gewähren und können vorteilhaft für Sie sein. Es kann aber auch aufgrund Ihrer persönlichen Lebenssituation sinnvoll sein, von den gesetzlichen Regelungen abzuweichen und über einen vorsorgenden Ehevertrag alternative Vereinbarungen zu treffen.

Absicherung vs. Unabhängigkeit

Ein Ehevertrag kann den finanziell schwächeren Partner für den Fall der Trennung absichern oder aber dem Wunsch der Eheleute nach wirtschaftlicher Unabhängigkeit nachkommen.

In einer Ehe sind die Rollen oft unterschiedlich verteilt, was zu einem finanziellen Ungleichgewicht beim Einkommen oder beim Vermögen führen kann. Tatsächlich hatte der Gesetzgeber bei seinen Vorgaben die bereits erwähnte Hausfrauen-Ehe vor Augen, wie sie üblicherweise vor 50 Jahren geführt wurde. Der schwächere Ehepartner, in der Vergangenheit war dies zumeist die Ehefrau, sollte dennoch an der wirtschaftlichen Entwicklung während der Ehe teilhaben. Also wurde geregelt, dass bei einem Scheitern der Ehe Unterhalt zu zahlen ist, das aufgebaute Vermögen zur Hälfte ausgeglichen wird und die Verteilung der späteren Rente hälftig erfolgt.

Die Gesellschaft hat sich hier allerdings deutlich weiterentwickelt. Heute leben viele Paare in gleichberechtigter Partnerschaft. Die Kinder-

Vor- und Nachteile eines Ehevertrags

+

- Klarheit über Regelungen der Finanzen bei Trennung, keine Überraschungen über nicht bekannte Rechtsfolgen einer Trennung und Scheidung
- Gleichberechtigte Verhandlungsbasis, da Sie noch ohne Streit miteinander diskutieren können
- Schnellere Ehescheidung, da nicht über Folgesachen wie Unterhalt, Versorgungsausgleich oder Zugewinn gestritten werden muss
- Ehevertrag ist kostengünstiger als eine hochstreitige Scheidung über Unterhalt, Vermögen und Kinder
- Zeit für Verarbeitung der Trennung: Neben den emotionalen Problemen, die mit einer Trennung einhergehen, bestehen nicht auch noch finanzielle Unsicherheiten.
- Geringere Belastung der Kinder: Bei einer Familie mit Kindern läuft die Trennung mit Ehevertrag ruhiger ab.

-

- Aufwand: Es bedeutet etwas Arbeit, sich Gedanken darüber zu machen, wie man die Ehe gestalten möchte und wie mit den Fragen der Aufteilung des Vermögens, der Zahlung von Unterhalt und der Gestaltung des Ehevertrags umgegangen wird.
- Diskussionen mit dem Partner: Möglicherweise bestehen unterschiedliche Ansichten, die zunächst zusammengeführt werden müssen.
- Unromantisch, da Sie mit der Diskussion über den Ehevertrag auch das mögliche Ende der Beziehung besprechen müssen

betreuung wird oft paritätisch, also zu gleichen Zeitanteilen, übernommen. Es gibt Doppelverdiener-Ehen mit und ohne Kinder, Ehen mit zwei Unternehmern, Patchworkfamilien. Alle diese Konstellationen bedürfen anderer Regelungen als im Gesetz ursprünglich vorgesehen. Über einen Ehevertrag kann ein beide Seiten ausreichend berücksichtigender Ausgleich geschaffen werden.

Selbstverständlich muss aber gerade in den Fällen, in denen einer der Ehepartner ein deutlich geringeres Einkommen als der andere erzielt, eine Absicherung des schwächeren Partners erfolgen. In einem Ehevertrag können Regelungen zu Unterhaltszahlungen nach Trennung und nach rechtskräftiger Scheidung getroffen werden. Demjenigen, der weniger verdient, gibt dies die Sicherheit, dass er nach der Trennung nicht in finanzielle Not gerät. Derjenige, der mehr verdient, weiß verlässlich, in welcher Höhe und für welchen Zeitraum er Unterhalt zahlen muss. Beide Seiten profitieren also von einer ehevertraglichen Regelung.

Alternativen zur gesetzlichen Regelung

In einem Ehevertrag können Sie Vereinbarungen treffen, die im besten Fall Ihnen beiden nicht nur Sicherheit für den Fall der Trennung geben, sondern auch wirtschaftliche Unabhängigkeit vom Partner.

Angenommen, Sie verdienen beide, führen also eine Doppelverdiener-Ehe. Zwar haben Sie unterschiedlich hohe Einkünfte, aber eben auch unterschiedliche berufliche Werdegänge. Wenn Sie sich trennen, sieht das Gesetz vor, dass Ihre Renten geteilt werden, und berechnet wird, ob und in welcher Höhe Sie Unterhalt zahlen müssen oder bekommen können. Sie sind aber mit Ihrer wirtschaftlichen Situation zufrieden und wollen und können ohne große Einschränkungen mit Ihrem Einkommen Ihr Leben gestalten. In dieser Situation ist es sinnvoll, einen Ehevertrag abzuschließen, in dem Sie einen gegenseitigen Verzicht auf Unterhalt und Zugewinn vereinbaren und auf die Durchführung des Versorgungsausgleichs verzichten. So bleibt jedem von Ihnen sein Vermögen und sein Einkommen und Sie sind voneinander wirtschaftlich unabhängig.

Wenn Sie beide selbstständig sind und ein Unternehmen betreiben oder eine eigene Praxis etwa als Ärztin oder Physiotherapeut haben, dann sind Sie auch daran interessiert, dass bei der Trennung keine Ausgleichsansprüche oder Unterhaltsfragen diskutiert werden. Sie wollen beide mit Ihrem Unternehmen weiterhin wirtschaftlich unabhängig bleiben. Dies ist ebenfalls über einen Ehevertrag mit der Vereinbarung einer Gütertrennung oder einer modifizierten Zugewinngemeinschaft und gegenseitigem Verzicht auf Versorgungsausgleich und Unterhalt möglich.

Auch wenn Sie bereits bei der Heirat über Vermögen verfügen, sollten Sie im Zusammenhang mit der wirtschaftlichen Unabhängigkeit über einen Ehevertrag nachdenken. Besteht in einem solchen Fall keine gesonderte Regelung, müssten Sie laut gesetzlichen Vorschriften des Zugewinnausgleichs den Wertzuwachs, den zum Beispiel Ihre bereits vor der Ehe angeschaffte Immobilie oder Ihr Aktiendepot genommen hat, über den Zugewinn ausgleichen. Das können Sie verhindern, indem Sie diesen Wertzuwachs vom Zugewinn im Ehevertrag ausnehmen.

Der richtige Zeitpunkt

Ein Ehevertrag lässt sich nicht nur vor der Heirat abschließen. Vielmehr kann er auch während der Ehe und sogar noch nach einer Trennung beurkundet werden.

Der Abschluss eines Ehevertrags vor der Hochzeit ist in der Regel der einfachste Weg. Sie werden zu diesem Zeitpunkt am ehesten in der Lage sein, Vor- und Nachteile für sich und Ihren Partner zu sehen und im beiderseitigen Interesse zu lösen. Zu diesem Zeitpunkt gehen Sie davon aus, dass Ihre Ehe glücklich verlaufen und im besten Fall nur durch den Tod beendet wird. Genauso, wie Sie für den Fall Ihres Versterbens durch ein Testament oder einen Erbvertrag vorsorgen, wollen Sie nun auch den Fall der Trennung regeln. Wenn Sie sich in glücklichen Zeiten durch einen Ehevertrag abgesichert haben, ist im Fall der Trennung alles geregelt und Sie können ohne Streit auseinandergehen.

Der Ehevertrag vor der Hochzeit erlaubt im Übrigen nochmals die Überprüfung der gegenseitigen Ehe-Vorstellungen. Weichen diese erheblich voneinander ab, sollte die Eheschließung vielleicht überdacht werden oder Sie sollten an dieser Stelle die verschiedenen Möglichkeiten diskutieren, wie Sie die Ehe gestalten wollen.

Sind Sie erst in der Krise und verhandeln dann über die Trennungsmodalitäten, um eine Scheidungsfolgenvereinbarung abzuschließen, sind die Emotionen in der Regel einer guten Verhandlungsatmosphäre abträglich. Nach einer Trennung sind die Fronten oft verhärtet und es ist meist ein langer, oft auch kostenintensiver Weg, bis eine endgültige Regelung aller Trennungsfolgen in die Scheidungsfolgenvereinbarung mündet.

Vorteile eines Trennungsvertrags

Nach dem Auseinandergehen der Ehepartner ist ein Trennungsvertrag eine gute Möglichkeit, die ersten finanziellen Folgen abzufedern. Sie können sich darin einigen, in welcher Höhe konkret Trennungsunterhalt gezahlt wird, wie sich dieser berechnet und welche eigenen Einkünfte des Unterhaltsberechtigten eingerechnet werden. Auch die Fragen der Nutzung der ehelichen Wohnung bis zur rechtskräftigen Scheidung sowie der Nutzung des Familienautos und der Aufteilung des gemeinsamen Hausrats lassen sich in einem Trennungsvertrag regeln. Kurz nach der Trennung stellt sich außerdem die Frage, wie zukünftig die Betreuung der gemeinsamen Kinder organisiert werden soll. Es steht zur Debatte, wie Umgangskontakte ausgestaltet werden und ob und in welcher Höhe Kindesunterhalt gezahlt werden soll und wie dieser sich berechnet. Solange Sie im Trennungsvertrag keine Regelungen zur Übertragung von gemeinsamen Immobilien, zum nachehelichen Unterhalt und zu Zugewinnausgleichszahlungen oder Veränderungen des Güterstands treffen wollen, können Sie den Trennungsvertrag ohne notarielle Beurkundung abschließen. Es empfiehlt sich aber auch in diesem Fall immer eine getrennte anwaltliche Beratung, um Fallstricke zu umgehen.

Steht die Scheidung an oder läuft das Scheidungsverfahren, sollten Sie sich nun spätestens Gedanken über eine umfassende Scheidungsfolgenvereinbarung machen, die – wie der Name schon sagt – alle Folgen der Scheidung regelt. Hier sollten die Punkte der endgültigen Vermögensauseinandersetzung, der Übertragung von Immobilien(anteilen), der Zahlung von Zugewinn oder der Verzicht darauf enthalten sein. Auch die mögliche Vereinbarung der Gütertrennung, die Zahlung und Berechnung oder der Verzicht auf nacheheliche Unterhaltsansprüche, Kindesunterhaltsansprüche, die endgültige Hausratsteilung sowie eine Abgeltungsklausel sollten geklärt sein.

Egal ob Ehevertrag vor der Heirat, während der Ehe oder nach der Trennung, egal ob Trennungsvertrag oder Scheidungsfolgenvereinbarung – Sie sollten sich auf jeden Fall anwaltliche Hilfe holen. Es empfiehlt sich immer eine getrennte Beratung für jeden Ehepartner. So gewährleisten Sie, dass jeder einmal für sich Hinweise erhält, welche Regelungen gut und günstig für ihn oder sie sind und welche Regelung vielleicht eher Nachteile beinhalten und abgeändert werden sollten.

Die Kosten

Die Kosten für einen Ehevertrag sind nicht unerheblich. Allerdings: Eine konfliktbehaftete Scheidung kann die Ehepartner sehr viel teurer kommen.

Nicht selten sind zwei Anwältinnen, möglicherweise auch unter Einschaltung der Gerichte, mit einer Scheidung befasst. Die Kosten hierfür sind hoch – und die Summe, die für einen Ehevertrag investiert werden muss, relativiert sich angesichts solcher Beträge schnell.

Bei einer einvernehmlichen Scheidung wird nur eine Anwältin von einem Ehepartner beauftragt, die dann den Scheidungsantrag für diesen einreicht. Der andere Ehepartner hingegen ist nicht anwaltlich vertreten und stimmt dem Scheidungsantrag lediglich zu. Dieses Vorgehen kostet bei durchschnittlichen Einkommensverhältnissen der Eheleute zirka 2500 Euro Rechtsanwaltsgebühren und 1000 Euro Gerichtskosten.

Wenn Sie aber ohne Ehevertrag im Falle einer Scheidung über Anwältinnen und Gerichte Zugewinn, Ehegattenunterhalt, Kindesunterhalt, die Vermögensauseinandersetzung zum gemeinsamen Haus und die Hausratsteilung regeln müssen, weil Sie sich eben nicht einigen können, dann können schnell Kosten in Höhe von 10000 Euro und darüber hinaus anfallen.

Interessant ist an dieser Stelle, wie sich die Kosten für eine Anwältin generell berechnen: Für jede Rechtsanwältin gelten zunächst das Rechtsanwaltsvergütungsgesetz (RVG) sowie das Vergütungsverzeichnis (VV). Hier finden sich zum einen die Gebührentabelle und zum anderen verschiedene Gebührenansätze, die zum Tragen kommen, je nachdem welche Tätigkeit die Rechtsanwältin ausführt.

Zunächst wird festgelegt, welchen Geschäftswert die Rechtsanwältin zugrunde legen darf. Unter dem Geschäftswert versteht man die Höhe des finanziellen Interesses des Mandanten an der Tätigkeit der Rechtsanwältin.

Das ist bei Forderungsangelegenheiten noch einfach zu erklären: Wenn A einen Zugewinnausgleichsanspruch in Höhe von 10000 Euro von B einfordert, dann ist dieser Betrag der Geschäftswert, nach dem die Gebühren nach der Tabelle des RVG anfallen. Dabei gilt wegen der Staffelung der Gebühren: Je höher das finanzielle Interesse der Mandantin ist, also je höher der Geschäftswert, desto höher sind die Anwaltsgebühren.

In diesem Fall würden folgende Rechtsanwaltsgebühren anfallen:

1,3-fache Geschäftsgebühr nach Nr. 2300 VV RVG	798,20 €
Auslagen Nr. 7001 und 7002 VV RVG	20,00 €
19 % MwSt.	155,46 €
Summe außergerichtliche Kosten	973,66 €

Wenn Sie sich außergerichtlich nicht einigen und der Zugewinn gerichtlich durchgesetzt werden muss, erhöhen sich die Kosten. Hierbei wird ein Teil der außergerichtlichen Gebühren auf die gerichtlichen Gebühren angerechnet.

In unserem Beispiel lautet die Kostenrechnung der Anwältin dann:

1,3-fache Verfahrensgebühr nach Nr. 3100 VV RVG	798,20 €
Anrechnung der Geschäftsgebühr mit 0,65	– 399,10 €
1,2-fache Terminsgebühr nach Nr. 3104 VV RVG	736,80 €
Auslagen Nr. 7001 und 7002 VV RVG	20,00 €
19 % MwSt.	219,62 €
Summe	1 375,52 €

Sollten Sie diesen Fall vor Gericht verlieren, werden Sie zudem verpflichtet, die Anwaltsgebühren der Gegenseite zu übernehmen, die sich gemäß ähnlicher Rechnung auf 1850,45 Euro belaufen. In unserem Beispiel fallen zusätzlich 532 Euro Gerichtskosten an. Damit liegt Ihr Prozesskostenrisiko in dieser Angelegenheit bei 4 731,63 Euro.

Hätten Sie die Frage des Zugewinns in einem Ehevertrag bereits abschließend geregelt, hätten Sie kein langwieriges gerichtliches Verfahren mit Prozesskostenrisiko wie oben beschrieben durchzustehen. Die Kosten für den Ehevertrag, mit dem alles geregelt ist, liegen also unter dem Betrag, den Sie investieren müssen, wenn Sie alle Folgesachen gerichtlich klären lassen.

Kosten im Scheidungsverfahren

Die Ermittlung der Kosten für ein Scheidungsverfahren, das vor Gericht endet, fußt auf dem Nettoeinkommen der Eheleute und berücksichtigt auch Rentenanwartschaften. Anhand vorgegebener Tabellen werden Gerichtskosten und Anwaltsgebühren ermittelt.

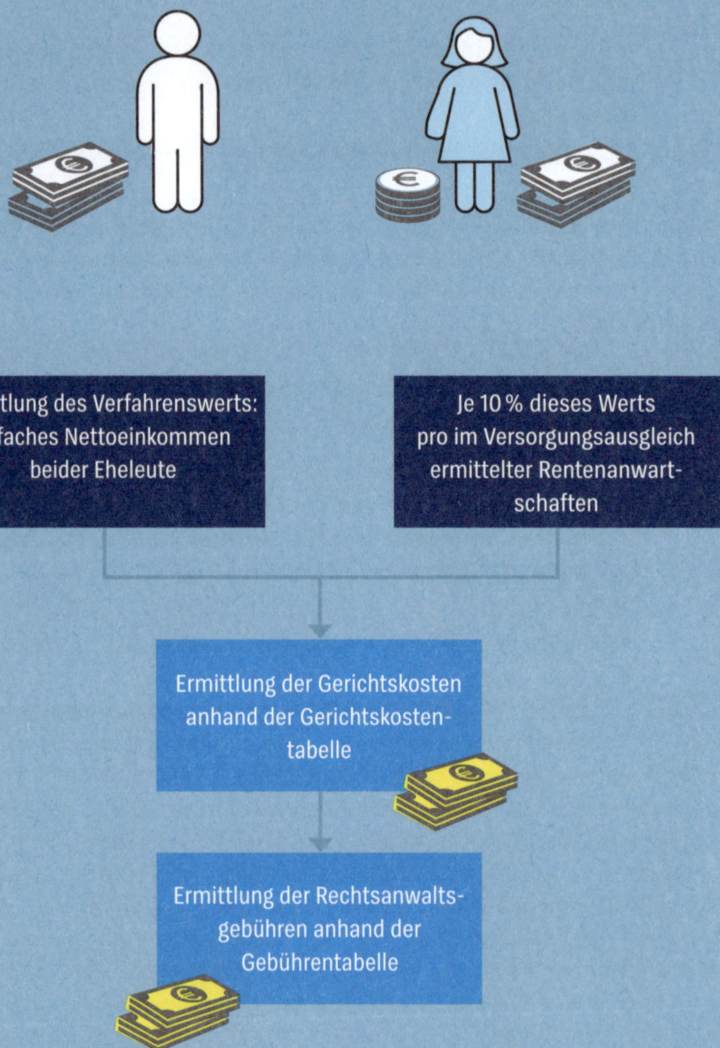

Übrigens kann es sein, dass Sie mit dem Ergebnis des Verfahrens vor dem Amtsgericht als erste Instanz nicht einverstanden sind und Ihre Rechtsanwältin Ihnen zur Beschwerde rät. Dann folgt ein zweites Verfahren vor der zweiten Instanz – in Familiensachen vor dem Oberlandesgericht –, in dem weitere Kosten anfallen. Das Prozesskostenrisiko läge dann bei weiteren 5 203,30 Euro, insgesamt also bei 9 934,93 Euro.

Nehmen wir weiter an, dass Sie zusätzlich den Ehegattenunterhalt durchgesetzt haben möchten. Ihre Anwältin hat Ihnen einen Anspruch von 500 Euro ausgerechnet. Damit liegt ein Geschäftswert von 6 000 Euro vor. Endet auch dies vor Gericht, müssen Sie mit weiteren Gebühren in Höhe von 2 430,44 Euro rechnen.

Die gemeinsame Immobilie

Falls Sie ein gemeinsames Haus besitzen, soll selbstverständlich auch geregelt werden, was damit geschieht. Schon über den Wert der Immobilie können Sie sich mit Ihrem Ehepartner womöglich nicht einigen. Dieser ist aber entscheidend für die Frage, in welcher Höhe Ihnen mögliche Ausgleichsansprüche zustehen und er ist darüber hinaus entscheidend für die Anwaltskosten.

Nehmen wir an, Sie schätzen den Wert der Immobilie auf 300 000 Euro. Die Immobilie gehört Ihnen beiden je zur Hälfte. Es bestehen noch Darlehen, die Sie monatlich abtragen und die Sie beide bei der Bank unterschrieben haben. Die Restschuld beträgt aktuell 200 000 Euro. Nehmen wir an, Sie möchten die Immobilie auf Ihren Ehepartner übertragen und aus der Haftung für die Darlehen entlassen werden. Bei einem Verkauf der Immobilie in dieser Situation würden die Restschulden vom Kaufpreis direkt zur Ablösung der Darlehen an die Bank überwiesen. Vom restlichen Betrag würden Ihnen 50 Prozent und somit 50 000 Euro zustehen (300 000 €–200 000 € = 100 000 €, davon 50 % = 50 000 €).

Sie können also von Ihrem Ehemann für die Übertragung der Immobilie auf ihn allein verlangen, dass er Sie von der Haftung für die Kredite bei der Bank freistellt. Er übernimmt die Kredite allein und zahlt hierfür zukünftig allein, außerdem leistet er eine Ausgleichszahlung von 50 000 Euro an Sie.

Ihr Partner geht aber davon aus, dass die Immobilie nur einen Wert von 250 000 Euro hat. Ihre Ausgleichszahlung würde sich damit auf

25 000 Euro reduzieren (250 000 €–200 000 € Restschulden = 50 000 €, hiervon 50 % = 25 000 €). Er bietet Ihnen einen Ausgleichsbetrag von 25 000 Euro an. Sie sind damit aber nicht einverstanden, deshalb soll auch diese Angelegenheit gerichtlich geklärt werden.

Sie müssen daraufhin ein sogenanntes Teilungsversteigerungsverfahren einleiten. Dies ist tatsächlich eine Zwangsversteigerung Ihrer Immobilie, die die Miteigentümergemeinschaft von Ihnen und Ihrem Ehepartner auflöst. Der Resterlös wird nach Abzug der Darlehensrestschulden an Sie zu 50 Prozent ausgezahlt. Nicht nur, dass in diesem Fall der Wunsch nach Erhaltung der Immobilie nicht erfüllt werden kann, auch kostenrechtlich ist dieses Verfahren eine Besonderheit. Sind Sie sich nicht einig, dass der Resterlös an die Ehepartner jeweils zu 50 Prozent ausgezahlt wird, wird das Gericht den Erlös hinterlegen. Sie müssen dann wiederum über ein weiteres gerichtliches Verfahren die Zustimmung Ihres Partners zur Auszahlung der hinterlegten Beträge einklagen. Dadurch entstehen folgende Kosten:

Die Gebühren für die außergerichtliche Tätigkeit der Anwältin und die gerichtliche Tätigkeit belaufen sich insgesamt auf 4841,93 Euro. Hinzu kommen Gerichtskosten in Höhe von 1202 Euro. Sollten Sie das Verfahren verlieren, müssen Sie die gegnerischen Anwaltsgebühren übernehmen, es fallen weitere 3828,83 Euro an. Das Prozesskostenrisiko der ersten Instanz liegt hier bei 9872,76 Euro.

Die drei genannten Verfahren, also Zugewinn über 10 000 Euro, Unterhalt von 500 Euro monatlich und die Teilungsversteigerung der Immobilie beziehungsweise die Zustimmung zur Auszahlung der hinterlegten Beträge, lösen damit ein Prozesskostenrisiko von rund 17 000 Euro aus.

Kosten einzelner Verfahren

Dargelegt haben wir Ihnen den Fall, dass Sie alle Verfahren verlieren. Allerdings ist es in gerichtlichen Verfahren oft so, dass Sie sich schließlich doch über einen gerichtlichen Vergleich umfassend einigen. Dann verdient die Rechtsanwältin eine Einigungsgebühr zusätzlich zu den oben genannten Gebühren. In der Regel trägt jeder Beteiligte seine Anwaltsgebühren selbst und die Gerichtskosten werden geteilt.

Für die oben beschriebenen Verfahren ergeben sich folgende Kosten, wenn sie einzeln durchgeführt werden (für das Scheidungsverbundverfahren gelten Sonderregeln):

Unterhaltsverfahren:	2 155,62 €
Zugewinnausgleichsverfahren:	3 262,46 €
Auseinandersetzung Immobilie:	6 964,94 €
Summe	12 383,02 €

Wenn Sie all diese Folgesachen in einem Ehevertrag vorab geregelt hätten, lägen die Anwalts- und Notarkosten weit unter diesem Betrag.

Bei der Erstellung des Ehevertrags werden zur Berechnung der Kosten die einzelnen Geschäftswerte zusammengerechnet. In obigem Beispiel liegt der Geschäftswert für die Rechnung des Anwalts bei 66 000 Euro. Wenn die Anwältin gemeinsam mit Ihnen als Mandanten den Ehevertrag mit der Gegenseite aushandelt, mit dem Notariat den Entwurf erarbeitet und prüft, verdient er sowohl eine Geschäftsgebühr für die außergerichtliche Tätigkeit als auch eine Einigungsgebühr nach Nr. 1000 VV RVG. Die Einigungsgebühr ist mit einem 1,5-fachen Satz im Gesetz festgeschrieben. Die Quote der Geschäftsgebühr richtet sich nach der Schwere der Bearbeitung, dem Umfang und der Bedeutung für den Mandanten und bewegt sich zwischen einem 0,8-fachen und 2,5-fachen Satz. Der Mittelwert liegt bei einem 1,3-fachen Satz.

Soll zum Beispiel im Ehevertrag nur eine Regelung zum Versorgungsausgleich gefunden werden, dann sollte die Geschäftsgebühr nicht mehr als der 1,3-fache Satz betragen. Werden aber im Ehevertrag Regelungen zu Unterhalt, Zugewinn und bezüglich einer gemeinsamen Immobilie getroffen, kann die Geschäftsgebühr je nach Aufwand und Wert bis zu einem 2,5-fachen Satz steigen. In unserem Beispiel rechnen wir mit dem Mittelwert der Geschäftsgebühr mit einem 1,9-fachen Satz und kommen damit einer Kostenrechnung der Anwältin über die Summe von 5 959,28 Euro. Zu den Anwaltsgebühren kommen die Kosten der Notarin, die bei etwa 675 Euro liegen.

Die Gesamtkosten für den Ehevertrag sind in unserem oben skizzierten Beispiel also um fast 50 Prozent günstiger als die Kosten der gerichtlichen Durchsetzung mit Einigung erst im Gerichtsverfahren.

Vergütung der Rechtsanwältin

Mit Ihrer Rechtsanwältin können Sie im Übrigen für die außergerichtliche Tätigkeit auch eine Vergütungsvereinbarung abschließen. Sie können sich etwa einigen, dass die gesamte Tätigkeit der Anwältin über ein

Pauschalhonorar abgerechnet wird, also ein bestimmter Betrag gezahlt werden muss. So wissen Sie frühzeitig, welche Kosten entstehen.

Eine weitere Möglichkeit besteht in der Vereinbarung der Zeiterfassung und Abrechnung nach Stundenhonorar, das zwischen 150 Euro und 1 000 Euro liegen kann. Die Höhe des Stundensatzes ist frei verhandelbar. Die Rechtsanwältin muss dann im Fünfminutentakt abrechnen. Oder Sie vereinbaren mit Ihrer Anwältin, dass ein bestimmter Faktor für den Gebührensatz der Geschäftsgebühr festgesetzt wird.

Sie haben jedoch keinen Anspruch darauf, dass die Rechtsanwältin eine Vergütungsvereinbarung mit Ihnen abschließt. Sofern sie dies nicht anbietet, erfolgt die Abrechnung nach den gesetzlichen Gebühren wie oben beschrieben. Bitte beachten Sie: Vergütungsvereinbarungen sind stets schriftlich abzuschließen.

Eine gute Rechtsanwältin redet bei Beginn des Mandats für gewöhnlich mit Ihnen über Zusammensetzung und Höhe der zu erwartenden Kosten. Erteilt sie diesbezüglich keine Hinweise, sollten Sie sie selbst darauf ansprechen. Sie laufen sonst Gefahr, dass am Ende des Mandats eine unerwartet hohe Gebührenrechnung auf Sie zukommt.

Wenn die Anwältin nur zum Ehevertrag berät und mit dieser Beratung die Angelegenheit abgeschlossen ist, entstehen Kosten einer Erstberatung nach Paragraf 34 RVG. Diese dürfen netto lediglich 190 Euro betragen. Mit Auslagen für Kopierkosten und Telekommunikation sowie Mehrwertsteuer beträgt die Rechnung dann brutto für Sie als Verbraucher höchstens 249,90 Euro. Das setzt allerdings voraus, dass die Anwältin nicht nach außen tätig wird, also nicht den anderen Ehepartner anschreibt oder das Notariat beauftragt. Sie bespricht dann etwa in einer ersten mündlichen Beratung grundsätzlich mit Ihnen, welche Möglichkeiten sich Ihnen zum Abschluss eines Ehevertrags bieten.

Scheidung und Rechtsschutzversicherung

Viele Mandanten glauben, dass sie mit Abschluss einer Rechtsschutzversicherung die Kosten einer Ehescheidung oder generell die Kosten einer Rechtsanwältin, die die Trennungsfolgen regelt, nicht tragen müssen. Denn, so die verbreitete Ansicht, die Rechtsschutzversicherung muss doch diese Kosten übernehmen. Das ist leider ein Irrglaube.

Die Rechtsschutzversicherungen haben mit wenigen Ausnahmen Regelungen in ihren Allgemeinen Geschäftsbedingungen, die die Übernahme der Kosten für eine Anwältin bezüglich einer Scheidungssache generell ausschließen. Das Einzige, was in der Regel alle Rechtsschutzversicherungen bezahlen, ist die Erstberatung nach Paragraf 34 RVG.

Wird der Ehevertrag im Anschluss von der Rechtsanwältin gemeinsam mit dem Notariat erarbeitet, trägt die Rechtsschutzversicherung die Kosten in der Regel nicht mehr. Die Ausnahme bilden einige Anbieter, die bis zu einem bestimmten Wert Kosten übernehmen, zum Beispiel Anwaltsgebühren von bis zu 500 Euro. In den meisten Fällen ist dies jedoch nicht der Fall und Sie müssen selbst bezahlen.

Die Kosten der Erstberatung betragen wie oben beschrieben gedeckelt 249,90 Euro brutto. Wenn Sie mit Ihrer Rechtsschutzversicherung eine Selbstbeteiligung vereinbart haben, erstattet diese nur den über der Selbstbeteiligung liegenden Betrag. Oft beträgt die Selbstbeteiligung 150 Euro. Die Versicherung überweist dann einen Betrag von 99,90 Euro an die Rechtsanwältin, den Restbetrag von 150 Euro müssen Sie an die Anwältin zahlen.

Ausgaben für den Notar

Die Kosten für einen Notar sind ebenfalls festgelegt: Sie richten sich nach dem Gerichts- und Notarkostengesetz. Auch hier ist der Geschäftswert entscheidend und auch hier wird anhand einer Gebührentabelle der Wert festgesetzt.

Entscheidend ist also, welche Angelegenheit Sie im Ehevertrag geregelt haben möchten. Grundsätzlich richten sich die Notargebühren nach dem Wert des Reinvermögens der Eheleute. Man prüft also zunächst, welches Vermögen vorhanden ist. Von diesem Vermögen werden dann Schulden bis höchstens zur Hälfte des Aktivvermögens abgezogen.

Nehmen wir an, Sie möchten vor der Heirat einen Ehevertrag beim Notar abschließen. Sie haben ein Sparvermögen von 10 000 Euro und Schulden von 4 000 Euro, Ihr Ehepartner hat eine Lebensversicherung von 50 000 Euro und keine Schulden. Dann berechnet sich Ihr Reinvermögen wie folgt:

10 000 € – 4 000 € + 50 000 € = 56 000 €

Lägen Ihre Schulden bei 6 000 Euro, würden diese nur bis zur Hälfte Ihres Aktivvermögens berücksichtigt, also nur bis zu 5 000 Euro (50 % von 10 000 €). Dann beliefe sich das Reinvermögen von Ihnen und Ihrem Ehepartner auf:

10 000 € – 5 000 € + 50 000 € = 55 000 €

Wenn der Notar nun hierzu den Ehevertrag erstellt und notariell beurkundet, verlangt er eine Gebühr nach Tabelle B von Paragraf 34 Abs. 3 GNotKG. Die Tabelle finden Sie im Internet zum Beispiel unter folgendem Link: gnotkg.de/gebuehrentabelle.

Der Notar erhält für die Beurkundung eines Ehevertrags grundsätzlich einen Satz von 2,0 – also die doppelte Gebühr. Für unser Beispiel wären demnach 384 Euro zu zahlen. Hinzu kommen die Kosten für Kopien, Telekommunikation und die Mehrwertsteuer. Die endgültigen Gebühren des Notars belaufen sich damit auf 480,76 Euro. Wenn der Notar neben der Beratung und Beurkundung weitere Verpflichtungen übernimmt, können zusätzliche Kosten entstehen.

Die Formalien

Ein Ehevertrag muss durch einen Notar beurkundet werden. Er lässt sich nicht privatschriftlich – also durch schriftliche Vereinbarung der beiden Ehepartner, die beide unterschreiben – abschließen.

Für bestimmte Regelungen sieht das Gesetz die notarielle Beurkundung zwingend vor. Das betrifft zum einen alles, was mit der Übertragung von Immobilien zu tun hat. Zum anderen müssen Regelungen zum Güterstand (Zugewinn, Gütertrennung etc.) notariell beurkundet werden, damit sie formwirksam sind. Auch Vereinbarungen zum nachehelichen Unterhalt, die Sie vor der Scheidung treffen, bedürfen der notariellen Beurkundung. Das gilt auch für eine Ehe, die einen Auslandsbezug hat – zum Beispiel, wenn Sie eine Zeit lang im Ausland gelebt haben oder einer von Ihnen beiden eine andere Staatsangehörigkeit hat. Die in einem Ehevertrag dann grundsätzlich mögliche Rechtswahl ist notariell zu beurkunden. Sie legen damit fest, welches Staatsrecht für Ihre Ehe gelten soll.

Natürlich sind Sie interessiert daran, die Kosten gering zu halten und möglichst viel privatschriftlich zu vereinbaren. Das ist allerdings immer mit einem Risiko behaftet. Ist nur eine Regelung, die Sie privatschriftlich vereinbaren, formungültig, weil sie eigentlich notariell beurkundet werden muss, hat das zur Folge, dass die ganze Vereinbarung formnichtig ist. Es ist daher dringend zu empfehlen, hier nicht an der falschen Stelle zu sparen.

Beratung, Vertragsentwurf, Beurkundung

Bevor Sie einen Termin zur Beurkundung beim Notariat machen, sollten Sie sich über die Grundlagen des Ehevertrags einig sein. Im besten Fall haben Sie sich zuvor beide über eine eigene Rechtsanwältin beraten lassen. Der Notar fertigt dann einen Entwurf, den Sie nochmals prüfen lassen können. Wenn Sie beide mit den vorgeschlagenen Regelungen einverstanden sind, folgt der Beurkundungstermin.

In diesem Beurkundungstermin liest der Notar den gesamten Vertrag vor, beantwortet eventuelle Nachfragen und erläutert den Inhalt. Anschließend unterschreiben Sie, Ihr Partner und der Notar den Ehevertrag. Damit ist er formwirksam geschlossen.

Der Beurkundungstermin muss nicht zwingend von Ihnen gemeinsam wahrgenommen werden. Sie könnten sich auch vertreten lassen. Sinnvoll ist das allerdings gerade beim Ehevertrag nicht, da es hier um sehr persönliche Angelegenheiten geht und Sie die Erörterungen und Hinweise des Notars hören sollten.

Die Formvorschrift der notariellen Beurkundung beinhaltet zugleich eine Warnfunktion. Durch die strenge Formvorschrift soll sichergestellt werden, dass Ihnen klar ist, was Sie mit Ihrer Unterschrift bestätigen. Diese Warnfunktion wird aber unterlaufen und hat keinen Sinn, wenn ein Vertreter für Sie den Ehevertrag unterschreibt. Es kann daher nur davor gewarnt werden, nicht persönlich zu dem Beurkundungstermin zu erscheinen.

Wenn Sie nach der Trennung weit voneinander entfernt wohnen, kann es sinnvoll sein, die Beurkundung vor dem Notar zunächst in Anwesenheit eines Ehepartners vornehmen zu lassen. Anschließend wird der Vertrag an ein Notariat am Wohnort des anderen Ehepartners versendet, um in dessen Anwesenheit die Regelungen dort genehmigen zu lassen. Beachten Sie aber in diesem Fall, dass durch die Bearbeitung zweier Notariate höhere Kosten anfallen werden.

Auch die Abänderung eines Ehevertrags bedarf im Übrigen immer der notariellen Beurkundung, eine einseitige Abänderung ist nicht möglich. Stimmt Ihr Partner nicht zu, bleibt es bei der ursprünglichen Regelung.

Früher wurden Eheverträge in ein sogenanntes Güterrechtsregister eingetragen, sofern die Eheleute dies wünschten. Das Güterrechtsregister war ein öffentliches Register, in dem abweichende Regelungen zum gesetzlichen Güterstand der Zugewinngemeinschaft auf Antrag eingetragen wurden. Eine solche Regelung gibt es noch in alten Eheverträgen. Das Güterrechtsregister wurde zum 1. Januar 2023 abgeschafft. Für Altfälle gibt es eine fünfjährige Übergangsfrist.

Wenn Sie in Ihrem Ehevertrag eine erbrechtliche Regelung treffen, erfolgt automatisch eine Eintragung im zentralen Testamentsregister der Bundesnotarkammer. In jedem Sterbefall wird das Register von Amts wegen geprüft und eventuell vorhandene Informationen zu Testamenten oder Erbverträgen werden an das Nachlassgericht weitergegeben. Die Inhalte der erbrechtlichen Regelungen werden im zentralen Testamentsregister jedoch nicht erfasst.

Auf einen Ehevertrag verzichten?

Es gibt durchaus Gründe, keinen Ehevertrag abzuschließen. Dies ist immer dann der Fall, wenn die gesetzlichen Regelungen für die jeweilige Ehe passend sind.

Gerade wenn Sie der schwächere Part in der Beziehung sind, also ein geringeres Einkommen haben, diese Tatsache aber auf einer gemeinsamen Entscheidung beruht, kann ein Ehevertrag für Sie unter Umständen nachteilig sein. Zwar hat dies auch die Rechtsprechung erkannt und in bestimmten Fällen Grenzen der Vertragsfreiheit gezogen. Es ist allerdings bedeutend schwieriger, einen bestehenden Ehevertrag aufgrund dieser Rechtsprechung anzugreifen, als Ihre Ansprüche nach den gesetzlichen Vorschriften ohne einen Ehevertrag durchzusetzen.

Immer wieder ist es tatsächlich so, dass einem Ehepartner von dem anderen kurz vor der Heirat ein Ehevertrag vorgelegt wird, mit der Bitte, diesen beim Notar gemeinsam beurkunden zu lassen. Hintergrund ist

Präambel als Vertragsbasis

Ein Ehevertrag sollte immer eine sogenannte Präambel enthalten. In diesem Text, der den eigentlichen Vertragsklauseln vorangestellt ist, werden die persönlichen und wirtschaftlichen Verhältnisse der Eheleute als Grundlage des Ehevertrags beschrieben. Eine Präambel kann wie folgt aussehen:

„Es erschienen:

Herr Max Maier, geboren am 22.07.1984, wohnhaft in der Musterstraße 2 in 51688 Wipperfürth, deutscher Staatsangehöriger, ausgewiesen durch seinen amtlichen Personalausweis

Frau Maria Maier, geboren am 21.11.1982, wohnhaft in der Strohstraße 33 in 42499 Hückeswagen, deutsche Staatsangehörige, ausgewiesen durch ihren amtlichen Personalausweis

Die Beteiligten erklären, dass sie jeweils ausreichend Gelegenheit hatten, sich vor der heutigen Beurkundung mit dem Inhalt des Vertrags auseinanderzusetzen und diesen auch mit einseitigen anwaltlichen Beratern zu besprechen. Ihnen wurde vom beurkundenden Notar am 11.04.2023 (Ehemann) und am 12.04.2023 (Ehefrau) der Entwurf des Vertrags zur Verfügung gestellt.

Die heutigen Vereinbarungen stellen nach der übereinstimmenden Einschätzung beider Beteiligter eine ausgewogene und ihrer Situation angemessene Regelung dar.

Die Eheleute haben am 15.02.2003 in Radevormwald geheiratet. Das Scheidungsverfahren ist vor dem Amtsgericht Wipperfürth zum Az. 10 F 5556/22 anhängig.

Aus der Ehe sind die gemeinsamen Kinder Matthias, geboren am 01.02.2006, und Madita, geboren am 23.12.2008, hervorgegangen, beide wohnhaft bei der Mutter Maria Maier, Strohstraße 33 in 42499 Hückeswagen.

Der Ehemann ist kaufmännischer Angestellter bei der Firma Wegerbach GmbH in Wipperfürth und verfügt über ein monatliches Nettoeinkommen in Höhe von ca. 3 800 Euro bei Steuerklasse I mit einem Kinderfreibetrag von 1,0.

Die Ehefrau ist verbeamtete Studienrätin beim Land NRW und verfügt über ein monatliches Nettoeinkommen aus Teilzeittätigkeit (Stundenanteil 35 Prozent) von 1 800 Euro bei Steuerklasse II mit einem Kinderfreibetrag von 1,0.

Im jeweils hälftigen Miteigentum steht die Immobilie Strohstraße 33 in 42499 Hückeswagen. Über weiteres Vermögen verfügen die Eheleute nicht."

oft das Vorhandensein einer Firma oder eine Gesellschaftsbeteiligung oder einfach der Wunsch, seine eigenen Vermögenspositionen zu sichern. Dies mag verständlich sein. Unverständlich ist es jedoch, wenn Sie sich zuvor nicht zumindest einmal anwaltlich beraten lassen, ob dieser Vertrag für Sie nachteilig ist.

Nachteilen vorbeugen

In der Vergangenheit gab es Fälle, in denen die Ehefrau schwanger war und dennoch vor der Hochzeit einen Ehevertrag notariell beurkunden ließ. Sie verzichtete darin auf alle Rechte, also sowohl auf Unterhalt wegen Kinderbetreuung als auch auf die Durchführung des Versorgungsausgleichs. Derartige Fälle führten dazu, dass die Gerichte eine Rechtsprechung zu den Kernbereichen eines Ehevertrags entwickelt haben (siehe auch „Grenzen eines Ehevertrags", ab Seite 91). Unter solchen Umständen sollten Sie keinesfalls einen Ehevertrag unterzeichnen, mit dem Sie auf die Ihnen nach dem Gesetz zustehenden Rechte verzichten.

Die Grundregel lautet also: Immer dann, wenn der wirtschaftlich schwächere Ehepartner einen Ehevertrag unterzeichnen soll, mit dem er auf alle oder einen Großteil der gesetzlichen Ansprüche verzichtet, ohne hierfür an anderer Stelle einen Ausgleich zu erhalten, sollte er oder sie davon Abstand nehmen.

Schließen Sie bitte gleichfalls keinen Ehevertrag ab, wenn Sie den Eindruck haben, dass Ihr Ehepartner nicht mit offenen Karten spielt, oder Sie befürchten, mit einem Ehevertrag unter Druck gesetzt zu werden. Lassen Sie sich nicht zur Unterschrift und Beurkundung eines Ehevertrags veranlassen von Forderungen wie „Wenn du diesen Ehevertrag nicht unterschreibst, dann heirate ich dich nicht." Das Gleiche gilt für rechtlich nicht haltbare Aussagen wie: „Das ist ein üblicher Ehevertrag, den kannst du unterschreiben ohne Nachteile für dich."

Nur wenn Sie offen und transparent über alle Grundlagen des Ehevertrags gesprochen haben und die Vor- und Nachteile für sich selbst abwägen konnten, besteht das notwendige Vertrauen, um einen Ehevertrag zu schließen.

Wenn Ihr Ehepartner Sie unter Zeitdruck setzt und verlangt, dass Sie innerhalb weniger Tage den Vertrag prüfen und dann zur Beurkundung schreiten, sollten Sie vom Ehevertrag Abstand nehmen.

Wenn Sie eine klassische Hausfrauen-Ehe führen wollen und in einem Ehevertrag keine Regelungen zu Unterhaltszahlungen nach der

Trennung vorgesehen sind, sollten Sie diesen Ehevertrag ebenfalls nicht abschließen.

Darüber hinaus gut zu wissen: Ein Ehevertrag ist nicht sinnvoll, wenn beide Eheleute über ein eigenes, in etwa gleich hohes Vermögen verfügen und keine finanziellen Verpflichtungen haben oder wenn kein Vermögen vorhanden und auch nicht zu erwarten ist.

Streitpunkte entschärfen

Sinn des vorsorgenden Ehevertrags, aber auch der Trennungs- und Scheidungsfolgenvereinbarung ist es, Streit über die Rechtsfolgen der Trennung zu vermeiden.

Die Regelungen eines Ehevertrags sollen allen Parteien eine gerechte und ausgewogene Lösung für die Zukunft bieten. Zwischen Eheleuten gibt es unterschiedliche Ansichten zu Fragen wie der Ausgestaltung der Ehe, den Pflichten und Rechten bezüglich der Kinderbetreuung, der Haushaltsführung, der Anlage von Vermögen oder der Aufnahme und Begleichung von Schulden. Dass zwei Ehepartner in allen diesen Dingen gleiche Ziele verfolgen, ist selten und dürfte ein Ausnahmefall sein. Also gilt es, für den Fall der Trennung und Scheidung genau diese möglichen Streitpunkte herauszufinden und vorab zu überlegen, wie die Trennungsfolgen für beide Ehepartner zufriedenstellend geregelt werden können.

Nicht alles muss im Rahmen eines notariellen Ehevertrags geregelt werden. Es gibt für bestimmte Trennungsfolgen die Formvorschrift der notariellen Beurkundung, für andere Trennungsfolgen ist diese Form nicht vorgeschrieben und Sie können sich privatschriftlich einigen. Letztes gilt insbesondere für die Gestaltung von Umgangskontakten zwischen getrennt lebenden Eltern und ihren gemeinsamen Kindern. Hier empfiehlt sich, wenn Sie sich in Bezug auf die Kinder noch gut verstehen, eine privatschriftliche Elternvereinbarung aufzusetzen. In ihr wird geregelt, wie und wann Sie die Kinder jeweils sehen. Eine solche Elternvereinbarung kann auch gemeinsam mit dem Jugendamt oder in einer Mediation erarbeitet werden. Eine schriftliche Fixierung empfiehlt sich grundsätzlich, um spätere Uneinigkeit zu vermeiden.

Auch derartige Umgangsregelungen sollten Sie regelmäßig dahingehend überprüfen, ob sie noch den Interessen aller Beteiligten entsprechen, insbesondere aber den Interessen und dem Wohl der gemeinsamen Kinder.

Goldene Regeln eines Ehevertrags

Paare, die sich für einen Ehevertrag entschieden haben, sollten dessen wichtigste Regel beachten: Er muss für beide Partner gleichermaßen sinnvolle, gerechte und faire Vereinbarungen beinhalten.

Wenn einer von Ihnen sich übervorteilt oder benachteiligt fühlt, ist der Sinn des Ehevertrags nicht erfüllt. Wir haben die weiteren Grundsätze für Sie zusammengefasst, die Sie beachten sollten:

Regel 1: Reden Sie miteinander!

Sie müssen sich als Ehepartner darüber klar sein, welches Ehemodell Sie zukünftig leben möchten, wer welche Aufgaben in der Ehe übernimmt und wie Ihr Vermögen verwaltet werden soll. Folgende Themen sind von Bedeutung:

Wollen Sie in Zukunft Kinder großziehen oder planen Sie eine kinderlose Ehe? Wenn Sie beide Kinder haben möchten, sprechen Sie darüber, wer die Kinder hauptsächlich betreuen wird oder ob eine gleichwertige Betreuung gewünscht ist. Soll einer von Ihnen wegen der Kinderbetreuung weniger oder, wenn die Kinder klein sind, gar nicht arbeiten? Falls Sie sich darauf geeinigt haben, bis zu welchem Alter der Kinder soll dieses Modell dann andauern?

Auch wenn kein Nachwuchs geplant ist, sollten Sie sich darüber austauschen, ob Sie beide weiterhin in Vollzeit arbeiten wollen oder einer von Ihnen in Teilzeit arbeiten und sich im Übrigen um den Haushalt kümmern möchte.

Wichtig ist auch, sich vorab darüber zu unterhalten, ob die Konten getrennt geführt werden oder ob ein gemeinsames Konto eingerichtet wird, von dem die Lebenshaltungskosten gezahlt und auf das die Gehälter überwiesen werden.

Überlegenswert ist zudem, wie Sie Vermögen aufbauen möchten. Wollen Sie ein gemeinsames Haus kaufen oder bauen? Haben Sie hierfür Sparpläne und wie sehen diese aus?

Sprechen Sie ebenfalls darüber, ob einer von Ihnen vorhat, sich selbstständig zu machen oder früher in Rente zu gehen, als es nach den gesetzlichen Vorgaben möglich ist. Wenn Sie ein Studium oder eine Ausbildung in der Ehe machen wollen, diskutieren Sie auch dies: Wie lange wird das dauern, wie lässt es sich finanzieren, wie sind Ihre späteren Zukunftsaussichten in dem angestrebten Beruf?

Machen Sie sich zudem Gedanken, wie Sie im Fall des Versterbens eines Ehepartners mit Ihrem Vermögen umgehen möchten. Wer soll was wann erben, wie sollen Kinder berücksichtigt werden? Welche erbrechtlichen Regelungen wollen Sie hierfür treffen? Auch die Frage, wie im Fall einer schwerwiegenden Erkrankung Vorsorge zu treffen ist, sollten Sie besprechen. Möchten Sie sich gegenseitig als Betreuer einsetzen, soll eine umfassende Vorsorgevollmacht erteilt werden, möchten Sie eine Patientenverfügung verfassen? Sprechen Sie mit Ihrem Ehepartner außerdem über Ihre Vorstellungen bezüglich der medizinischen Behandlung im Notfall.

Alles, was für einen vorsorgenden Ehevertrag relevant sein könnte, sollten Sie zuvor mindestens einmal mit Ihrem Partner diskutieren und Ihren Lebensentwürfen entsprechend anpassen. Sie planen eine gemeinsame Zukunft. Machen Sie sich klar, dass Sie sich damit auch in eine finanzielle Abhängigkeit begeben.

Regel 2: Reden Sie mit Dritten!

Oft ist es hilfreich, unbeteiligte Dritte in die Diskussion zum Ehevertrag einzubinden. Das können Freunde, Trauzeugen oder die Eltern sein. Manchmal haben Dritte noch einmal einen anderen Blick auf die Beziehung und vielleicht auch andere Erfahrungen, die Ihnen bei den Entscheidungen im Rahmen eines Ehevertrags helfen können.

Ob Sie Dritten Einblicke in Ihre finanzielle und persönliche Situation gewähren wollen, ist natürlich eine ganz persönliche Entscheidung. Eine Beteiligung dritter Personen bei diesem Thema ist sicher nicht zwingend, kann aber neue Aspekte einbringen.

Regel 3: Überstürzen Sie nichts!

Einen Ehevertrag sollten Sie nicht mal schnell nebenbei schließen, damit diese lästige Angelegenheit erledigt ist. Trotzdem ist es in der anwaltlichen Praxis nicht selten, dass sich ein Mandant oder eine Mandantin ein paar Tage oder eine Woche vor der Hochzeit zur Beratung zu diesem Thema anmeldet. Das ist nicht sinnvoll. Am besten ist, Sie lassen sich entweder vor der Hochzeit umfassend beraten oder kurz nach der

Eheschließung. Nehmen Sie sich dabei ausreichend Zeit zum Nachdenken, Überlegen und Planen. Denken Sie immer daran: Zeitdruck ist ein schlechter Ratgeber und führt zu Eheverträgen, die nicht Ihren wirklichen Wünschen entsprechen.

Mit einem Ehevertrag regeln Sie wichtige finanzielle Aspekte Ihres zukünftigen Lebens. Ein Ehevertrag will gut überlegt sein, bedarf der umfassenden Beratung beider Eheleute und sollte gut vorbereitet werden.

Lassen Sie sich von niemandem drängen, nicht von Ihrem zukünftigen Ehepartner, nicht von Eltern, Schwiegereltern, Freunden oder gar von einem mit dem Ehepartner befreundeten Notar oder Steuerberater. Die Entscheidung zum Ehevertrag sollte absolut freiwillig erfolgen.

Natürlich sollten Sie einen passenden Zeitpunkt wählen, wenn Sie den Ehevertrag bei Ihrem Partner ins Gespräch bringen möchten. Direkt mit der Tür ins Haus zu fallen und beim ersten Date den notwendigen Ehevertrag anzusprechen, ist sicher ebenso wenig zielführend, wie am Abend vor der Hochzeitsfeier den noch abzuschließenden Ehevertrag zu besprechen.

Sofern Sie schon länger in der Beziehung sind, haben Sie im Idealfall schon einmal grundsätzlich über das Thema diskutiert. Wenn das nicht der Fall ist, wählen Sie hierfür am besten einen ruhigen Abend zu zweit mit ausreichend Zeit aus. Erwarten Sie nicht sofort eine Entscheidung oder eine endgültige Antwort auf Ihre Fragen zum Ehevertrag. Lassen Sie Ihrem Ehepartner ausreichend Zeit, über die grundsätzliche Frage des Ehevertrags nachzudenken, und führen Sie erst später Gespräche zu den einzelnen zu regelnden Punkten.

Regel 4: Suchen Sie fachlichen Rat!

Eine Beratung ist beim Thema Ehevertrag unumgänglich. Eine Anwältin kann dabei aber immer nur die Interessen eines Ehepartners vertreten. Ein Ehevertrag ist an manchen Stellen immer auch ein Kompromiss und bietet daher sowohl Vor- als auch Nachteile für den einen oder anderen Partner. Eine Rechtsanwältin kann für Sie prüfen, ob der Ehevertrag insgesamt eine ausgewogene Balance zwischen den Interessen der Eheleute bietet und wo möglicherweise Fallstricke verborgen sind, die Sie nicht erkannt haben. Daher lautet eine weitere goldene Regel: Jeder Ehepartner nimmt sich eine eigene Anwältin zur Beratung bezüglich des Ehevertrags.

Wenn Sie sich über alle grundlegenden Fragen geeinigt haben und der endgültige Entwurf des Ehevertrags vorliegt, sollten Sie diesen Ihrer Steuerberaterin zur Prüfung vorlegen. Insbesondere wenn ein Unternehmen im Spiel ist oder größere Vermögenswerte geregelt werden, kann die Steuerberaterin prüfen, ob der Ehevertrag steuerrechtliche Vor- oder Nachteile bringt, und gegebenenfalls diesbezüglich noch angepasst werden sollte.

Regel 5: Seien Sie informiert!

Nur wenn Sie alle Ihre Rechte kennen, werden Sie die Rechtsfolgen des Ehevertrags für sich einschätzen können. Lassen Sie sich also anwaltlich zunächst über alle gesetzlichen Folgen einer Trennung und die Voraussetzungen einer Scheidung genau informieren. Entscheiden Sie erst dann, welche gesetzlichen Regelungen für Sie verzichtbar oder abänderbar sind. Nur wer informiert ist, was ihm zusteht, kann entscheiden, ob er auf seine Ansprüche verzichten oder teilweise verzichten kann.

Regel 6: Überprüfen Sie die Inhalte regelmäßig!

Ein Ehevertrag bildet den derzeitigen Stand Ihrer persönlichen Verhältnisse ab. Das Leben entwickelt sich aber weiter, Ihre Lebenssituation kann sich nach einigen Jahren gänzlich anders darstellen, als Sie es zunächst geplant haben. So kann sich der Kinderwunsch, der zunächst nicht bestand, doch noch einstellen. Durch die Geburt eines Kindes können die Ehepartner dann nicht wie geplant beide arbeiten und für ihr eigenes Auskommen sorgen, sondern einer von beiden ist wegen der Betreuung des Nachwuchses ganz oder teilweise daran gehindert.

Möglich ist auch, dass einer von Ihnen während der Ehe aus einer nicht selbstständigen Tätigkeit in eine Selbstständigkeit gewechselt ist und eine Firma gegründet hat. Auch diese Veränderung der Lebenssituation erfordert eventuell ein Nachjustieren der ehevertraglichen Regelungen.

Sie sollten spätestens alle fünf Jahre den Ehevertrag zur Hand nehmen und prüfen, ob dieser noch Ihrer derzeitigen Lebenssituation entspricht. Bitte denken Sie daran, dass Änderungen des Ehevertrags der Zustimmung Ihres Ehepartners bedürfen und sie notariell beurkundet werden müssen.

02

Vermögen, Ansprüche, Unterhalt

Die Wahl des Güterstands

Der Gesetzgeber sieht unterschiedliche, frei wählbare Güterstände vor. Sie wirken sich darauf aus, wie das gemeinsame Vermögen nach dem Ende einer Partnerschaft zu trennen ist.

Die meisten Eheverträge enthalten Regelungen zur Wahl des Güterstandes. Das hat einen historischen Hintergrund: In der Vergangenheit wurden häufig Eheverträge erstellt, wenn ein Unternehmen oder eine Gesellschaftsbeteiligung im Spiel war und diese abgesichert werden sollten. In den meisten Fällen wurde dann ohne große Prüfung eine Gütertrennung über einen notariellen Ehevertrag vereinbar. Das geschah oftmals, ohne dass die Eheleute tatsächlich beide ausreichend über die Folgen der Gütertrennung oder aber über die anderen möglichen Güterstände informiert gewesen waren. Dabei sieht das Gesetz durchaus verschiedene Güterstände vor, die individuell modifiziert werden können.

Die frei wählbaren Güterstände des Bürgerlichen Gesetzbuchs sind Zugewinngemeinschaft, Wahl-Zugewinngemeinschaft, Gütertrennung und Gütergemeinschaft.

Zugewinngemeinschaft und ihre Folgen

Die Zugewinngemeinschaft ist der Regelfall. Geregelt ist sie in den Paragrafen 1363 ff. BGB. Wenn Sie durch den Ehevertrag keinen anderen Güterstand gewählt haben, leben Sie als Ehepaar folglich im gesetzlichen Güterstand der Zugewinngemeinschaft.

Paragraf 1363 Abs. 2 BGB präzisiert:

„Das jeweilige Vermögen der Ehegatten wird nicht deren gemeinschaftliches Vermögen, dies gilt auch für Vermögen, das ein Ehegatte nach der Eheschließung erwirbt. Der Zugewinn, den die Ehegatten in der Ehe erzielen, wird jedoch ausgeglichen, wenn die Zugewinngemeinschaft endet."

Diese Formulierung ist zunächst einmal überraschend. Viele Paare gehen davon aus, dass in einer Zugewinngemeinschaft das gesamte Vermögen beider Eheleute ihnen gemeinsam gehört. Das ist jedoch ein

Trugschluss. Das Gegenteil ist der Fall. Jeder Partner hat eigenes Vermögen in die Ehe eingebracht und kann während der Ehe eigenes Vermögen aufbauen.

Zwar gibt es auch gemeinsames Vermögen, zum Beispiel wenn Sie mit Ihrem Ehepartner zusammen eine Immobilie erwerben, also beide als Miteigentümer im Grundbuch eingetragen werden, oder wenn Sie ein gemeinsames Girokonto anlegen. Grundsätzlich hat aber jeder Ehepartner sein eigenes Vermögen.

Scheitert die Ehe, sieht der Gesetzgeber vor, dass die Vermögensbestände der Eheleute jeweils getrennt voneinander zu Beginn der Ehe und am Ende der Ehe miteinander verglichen werden. Daraufhin wird der Vermögenszuwachs, also der Zugewinn, ermittelt. Wer den höheren Zugewinn erzielt hat, ist dem anderen gegenüber in Höhe der hälftigen Differenz zur Zahlung eines Zugewinnausgleichsbetrags verpflichtet.

Um die Höhe des Zugewinns herauszufinden, gibt es verschiedene Stichtage, zu denen das jeweilige Vermögen ermittelt wird – es ist somit entscheidend, welches Vermögen genau zum jeweiligen Datum vorhanden war.

Anfangs-, Trennungs- und Endvermögen

Das Vermögen zu Beginn Ihrer Ehe wird Anfangsvermögen genannt. Es wird zum Stichtag Ihrer standesamtlichen Heirat berechnet, also genau zum Heiratsdatum. Ein weiterer Stichtag ist das Trennungsdatum, an dem das Trennungsvermögen bestimmt wird. Von Bedeutung ist außerdem der Stichtag, an dem das Endvermögen ermittelt wird: Dies ist der Tag der Zustellung des Scheidungsantrags bei der Gegenseite.

Es gibt also drei Vermögensbilanzen, die erstellt werden: Anfangsvermögen, Trennungsvermögen und Endvermögen. Das Endvermögen abzüglich das Anfangsvermögen stellt den Zugewinn dar.

Das Trennungsvermögen dient lediglich Kontrollzwecken. Der Stichtag hierfür wurde erst vor einiger Zeit eingeführt. Hintergrund ist, dass zwischen Trennung und Einreichung des Scheidungsantrags mindestens ein Jahr, oft auch sehr viel mehr Zeit vergeht. Bevor das Trennungsvermögen in das Gesetz aufgenommen wurde, war es leider oft so, dass Vermögensgegenstände zwischen Trennung (Trennungsvermögen) und Einreichung des Scheidungsantrags (Endvermögen) auf unerklärliche Art und Weise verschwanden oder sich verminderten. Mit dem neuen Stichtag des Trennungsvermögens wurde dem ein Riegel vorgeschoben. Wenn sich nun das Trennungsvermögen und das Endvermögen eklatant voneinander unterscheiden, muss nachgewiesen werden, was mit dem Vermögen geschehen ist, also wofür es verbraucht wurde.

Damit die jeweiligen Vermögen ermittelt werden können, stehen den Eheleuten untereinander Auskunftsansprüche zu. Das heißt, jeder kann von dem anderen eine schriftliche Aufstellung zu den jeweiligen Vermögen verlangen.

Die in unserer Übersicht auf der Seite 51 genannten Positionen beziehen sich allein auf das sogenannte Aktivvermögen. Bei der Aufstellung der Vermögensbilanz ist allerdings auch das Passivvermögen zu berücksichtigen. Hierzu gehören: Kreditverbindlichkeiten mit den jeweiligen Restschuldbeständen, offene Forderungen, latente Steuern oder Steuernachzahlungsansprüche des Finanzamts. Nicht in diese Aufstellung des Vermögens gehören gemeinsame Hausratsgegenstände sowie Rentenversorgungsanrechte. Diese werden im Hausratsteilungsverfahren beziehungsweise im Versorgungsausgleichsverfahren geteilt.

Erbschaften, Schenkungen, Vermögensgegenstände

Der Güterstand der Zugewinngemeinschaft hat noch eine Besonderheit, die in Paragraf 1374 BGB geregelt ist. Wenn Sie oder Ihr Ehepartner während bestehender Ehe geerbt oder in Bezug auf ein späteres Erbe eine Schenkung erhalten haben, dann wird dieses Vermögen dem Anfangsvermögen hinzugerechnet. Es ist somit der Zugewinnausgleichsberechnung mit dem Grundwert entzogen. Dabei ist unerheblich, zu welchem Zeitpunkt das Erbe oder die Schenkung erfolgt ist. Hintergrund ist, dass der Gesetzgeber wollte, dass Erbschaften oder Schenkungen, die einen Bezug zu einem späteren Erbe haben, nicht dem anderen Ehepartner zugutekommen.

Zu beachten ist jedoch: Der Wertzuwachs wiederum, den eine Erbschaft oder eine Schenkung in der Ehe erfahren hat, ist schon zugewinnausgleichspflichtig. Wenn Ihr Ehepartner also von seinen Eltern ein Grundstück bekommen hat, ist dieses mit dem Wert zum Zeitpunkt der Schenkung in die Vermögensbilanz zum Anfangsvermögen aufzunehmen. Wenn dieses Grundstück am Ende Ihrer Ehe aber erheblich mehr wert ist als zum Zeitpunkt der Schenkung – weil es etwa nun Bauland ist –, dann ist dieses „Mehr" ein Wertzuwachs, der über den Zugewinn auszugleichen ist.

Die Bewertung der einzelnen Vermögensgegenstände ist manchmal herausfordernd. So ist es schwierig, eine Immobilie mit dem tatsächlichen Wert anzusetzen, da dieser oftmals schwankt und von den Eheleuten unterschiedlich eingeschätzt wird. Hier hilft die Beauftragung eines Sachverständigen, der eine Marktwerteinschätzung der Immobilie vornimmt. Dies ist ein Kurzgutachten zu der Frage, zu welchem Wert die Immobilie auf dem freien Markt veräußert werden könnte. Sie ist zu unterscheiden von einem Sachverständigengutachten, das über einen Gutachterausschuss eingeholt werden könnte, aber deutlich teurer ist. Ein solches Sachverständigengutachten ermittelt den Ertrags-, Sach- und Verkehrswert des Grundbesitzes. Bei den Verhandlungen zwischen den Eheleuten sollte jedoch der Wert genügen, den die günstigere Marktwerteinschätzung ergibt.

Auch andere Positionen Ihres Vermögens müssen Sie genau angeben. Bei Kapitallebensversicherungen kann es so sein, dass Sie diese bereits zu Beginn Ihrer Ehe, also zum Stichtag der Heirat, mit einem bestimmten Betrag angespart hatten. Bei Beendigung der Ehe kann diese einen hohen Wert durch die ständige Weiterzahlung von Beiträgen in der Ehezeit erreicht haben. Die Differenz zwischen diesen beiden Werten ist auszugleichen. Das führt zu der Frage: Wie stellt man aber nun den Wert einer Kapitallebensversicherung dar? Am besten lassen Sie sich von der Versicherungsgesellschaft den sogenannten Fortführungswert zum Stichtag des Anfangsvermögens und zum Stichtag des Endvermögens mitteilen.

Die Aufstellung des Anfangsvermögens ist oft mit großen Problemen verbunden. Zum einen sind die Unterlagen zu diesen Vermögensgegenständen häufig nicht mehr vorhanden und das Vermögen zu Beginn der Ehe kann damit nicht nachgewiesen werden. In diesem Fall nimmt man für das Anfangsvermögen einen Wert von Null an.

Zum anderen ist der zu Beginn der Ehe angesparte Betrag, beispielsweise 20 000 Euro, nicht mehr das Gleiche wert wie heute. Dieser Kaufkraftschwund wird durch eine Indexierung des Anfangsvermögens neutralisiert. Die Berechnung orientiert sich dabei am Verbraucherpreisindex des Statistischen Bundesamts. Wenn Sie zu Beginn der Ehe im Jahr 1996 im Anfangsvermögen einen Sparvertrag mit 20 000 DM hatten – dies entspricht 10 225,84 Euro –, dann ist dieser indexiert mit einem Wert von heute 16 842,56 Euro in das Anfangsvermögen einzusetzen.

Was gehört zum Vermögen?

Zum Vermögen zählen alle geldwerten Gegenstände im weitesten Sinne, und zwar sowohl im Inland als auch im Ausland.

Im Folgenden finden Sie eine Übersicht möglicher Positionen ohne Anspruch auf Vollständigkeit:

- Bargeld
- Bankgirokonten, Sparkonten, Festgeldkonten, sonstige Konten
- Wertpapiere und Aktien, auch in Depots
- Sparbriefe, Obligationen, Schuldverschreibungen etc.
- Genossenschaftsanteile, Beteiligungen/Unterbeteiligungen aller Art
- Freiberufliche Praxis oder ein Anteil daran
- Gewerbebetrieb oder Gesellschaftsanteil daran, auch stille Gesellschaft
- Anteile an in- und ausländischen Kapitalgesellschaften
- Anteile an nicht auseinandergesetzten Erbengemeinschaften
- Pflichtteilsansprüche/Erbersatzansprüche
- Eigentum/Miteigentum an Immobilien aller Art
- Anteile an Immobilienfonds und dergleichen
- Investmentanteile/Fonds aller Art
- Private und sonstige Darlehensforderungen, egal ob fällig oder nicht
- Steuererstattungsansprüche in allen Steuerarten
- Schadensersatzforderungen, Ausgleichsforderungen, sonstige Forderungen
- Gewinnbezugsrechte im weitesten Sinne
- Patentrechte, Urheberrechte und Entsprechendes
- Edelmetalle (z. B. Gold/Platin)
- Edelsteine, Kunstgegenstände, Sammlungsgegenstände etc.
- Fahrzeuge, auch Motorräder, Wohnwagen, Anhänger etc.
- Wirtschaftlicher Wert von Kapitallebensgesellschaften

Güterstand modifizieren

Auch wenn Sie durch den Ehevertrag den Güterstand der Zugewinngemeinschaft nicht abändern möchten, gibt es Möglichkeiten, im Ehevertrag Regelungen aufzunehmen, die den Güterstand modifizieren oder die Berechnung des Zugewinns zuverlässiger machen. So können Sie einzelne Vermögensgegenstände explizit aus der Berechnung des Zugewinns herausnehmen. Das geschieht oft bei Firmenbesitz. Alternativ können Sie dem Ehevertrag eine von beiden Eheleuten akzeptierte Aufstellung Ihres Anfangsvermögens beilegen. Zudem können zu einzelnen Vermögensgegenständen schon Bewertungsmaßstäbe in den Ehevertrag aufgenommen werden.

Wichtig zu wissen ist, dass Sie während der Zugewinngemeinschaft über Ihr Vermögen als Ganzes nicht ohne Zustimmung Ihres Ehepartners verfügen können. Das ist in Paragraf 1365 BGB festgeschrieben. Oftmals stellt die gemeinsame Immobilie das gesamte Vermögen der Eheleute dar. Weigert sich ein Ehepartner, diese zu verkaufen oder zu übertragen, kann die Immobilie aufgrund dieser Regelung erst versteigert werden, nachdem Sie rechtskräftig geschieden sind.

Der gesetzliche Güterstand der Zugewinngemeinschaft hat erb- und steuerrechtliche Vorteile. Erbrechtlich erhöht sich der Erbanteil des weiterlebenden Ehepartners um ein Viertel. Steuerrechtlich gibt es für den Zugewinn einen erbschaftssteuerrechtlichen Freibetrag (§ 5 ErbStG). Das kann erhebliche steuerliche Vorteile bringen.

Sonderfall Wahl-Zugewinngemeinschaft

Die sogenannte Wahl-Zugewinngemeinschaft ist ein Sonderfall, der erst seit 2010 Bestandteil des Bürgerlichen Gesetzbuchs ist. Er ist in Paragraf 1519 BGB geregelt:

„Vereinbaren die Ehegatten durch Ehevertrag den Güterstand der Wahl-Zugewinngemeinschaft, so gelten die Vorschriften des Abkommens vom 4. Februar 2010 zwischen der Bundesrepublik Deutschland und der Französischen Republik über den Güterstand der Wahl-Zugewinngemeinschaft."

Dieser Paragraf ist nur in den seltenen Fällen relevant, in denen die deutsche und die französische Staatsangehörigkeit gegeben sind. Sollten Sie also einen Ehepartner mit französischer Staatsangehörigkeit haben, dann können Sie diesen Güterstand durch Ehevertrag wählen. Die Wahl-Zugewinngemeinschaft entspricht dabei im Grunde der deutschen Zugewinngemeinschaft mit der Ausnahme, dass jeder Ehepartner in der Ehe selbst Eigentum erwirbt und über dieses jederzeit und ohne

Zugewinnausgleich

Der Zugewinn errechnet sich aus der Differenz der Vermögensbestände der Eheleute, die jeweils getrennt voneinander zu Beginn der Ehe und am Ende der Ehe miteinander verglichen werden. Die Hälfte dieses Betrags wird ausgeglichen.

	Ehemann	Ehefrau
Anfangsvermögen	40 000 €	– 10 000 € (Schulden)
Endvermögen	50 000 €	30 000 €
Zugewinn	10 000 €	40 000 €

$$\frac{\text{Überschuss Zugewinn } 30\,000\ €}{2} = \mathbf{15\,000\ €}$$

Zugewinnausgleich von 15 000 € an den Ehemann

Zustimmung des anderen Partners verfügen kann. Das Abkommen ist für deutsch-französische Ehen deswegen interessant, da durch die Vereinbarung der Wahl-Zugewinngemeinschaft die sonst geltende Errungenschaftsgemeinschaft des französischen Rechts vermieden werden kann. In dieser ist es so, dass alle während der Ehe erworbenen Gegenstände gemeinsames Eigentum sind.

Folgen von Gütertrennung und Gütergemeinschaft

Bei der Gütertrennung hingegen ist das Vermögen der Eheleute tatsächlich getrennt und bleibt auch nach der Trennung und Scheidung getrennt. Es erfolgt kein Ausgleich eines Zugewinns.

Paragraf 1414 BGB führt dazu aus: „Schließen die Ehegatten den gesetzlichen Güterstand aus oder heben sie ihn auf, so tritt Gütertrennung ein, falls sich nicht aus dem Ehevertrag etwas anderes ergibt. Das Gleiche gilt, wenn der Ausgleich des Zugewinns ausgeschlossen oder die Gütergemeinschaft aufgehoben wird."

Die Ehepartner behalten also sowohl in der Ehe als auch nach rechtskräftiger Scheidung Ihr Vermögen. Sie müssen in diesem Fall keinerlei Ausgleich zahlen, wenn Sie mehr Vermögen in der Ehe erworben haben als Ihr Partner. Im Unterschied zur Zugewinngemeinschaft unterliegen Sie keinen Verfügungsbeschränkungen, haben aber auch nicht die oben beschriebenen erbschafts- und steuerrechtlichen Vorteile. Diesen Güterstand müssen Sie durch einen notariellen Vertrag begründen.

In Paragraf 1416 BGB ist als weitere Möglichkeit die Gütergemeinschaft geregelt. Dieser Güterstand ist sehr selten, kompliziert und birgt hohe Risiken. Grundsätzlich entspricht er nicht mehr der heutigen Lebenswirklichkeit und sollte daher nur nach gründlicher Überlegung vereinbart werden.

Paragraf 1416 BGB formuliert die Gütergemeinschaft wie folgt: „Das jeweilige Vermögen der Ehegatten wird durch die Gütergemeinschaft gemeinschaftliches Vermögen beider Ehegatten (Gesamtgut). Zu dem Gesamtgut gehört auch das Vermögen, das einer der Ehegatten während der Ehe erwirbt."

Eigentlich ist dieser Güterstand also derjenige, den Eheleute landläufig meinen, wenn sie behaupten, dass in der Ehe alles Vermögen beiden gemeinsam gehört. Hier ist die Besonderheit, dass nicht nur das Vermögen, das in der Ehe erworben wird, zum gemeinsamen Vermögen wird, sondern auch dasjenige, das die Eheleute schon vor der Ehe besaßen. Dieser Güterstand ist nur noch in ländlich geprägten Regionen zu finden. Nicht zu unterschätzen ist hierbei, dass durch die Gütergemeinschaft eine Haftung für Schulden des Ehepartners eintreten kann, zum Beispiel für dessen Unterhaltspflichten. Es werden in diesem Güterstand fünf verschiedene Vermögensbestandteile gebildet: das Gesamtgut sowie das Sondergut jeweils der Eheleute und das Vorbehaltsgut jeweils der Eheleute. Sie merken schon daran, dass die Gütergemeinschaft schwierige rechtliche Voraussetzungen hat und daher im Fall der Trennung auch schwierig aufzulösen ist. Bei der Trennung ist grundsätzlich das Gesamtgut hälftig zu teilen. Es ist also unerheblich, wer welches Vermögen in die Gemeinschaft eingebracht hat.

Ist ein Unternehmen Teil des Gesamtguts, hat das bei einer Trennung und damit hälftiger Teilung des Gesamtguts steuerrechtlich zur Folge, dass ein Entnahmegewinn vorliegt, der versteuert werden muss.

Bevor Sie im Ehevertrag eine Gütergemeinschaft vereinbaren, sollten Sie unbedingt anwaltliche und steuerrechtliche Beratung über die Vor- und Nachteile dieses Güterstands einholen.

Rentenansprüche und Versorgungsausgleich

Die gesetzlichen Vorgaben zum Versorgungsausgleich sind nicht in jedem Fall sinnvoll. Im Rahmen des Ehevertrags lassen sich passgenaue Modifikationen vornehmen.

Der Versorgungsausgleich, den der Gesetzgeber vorsieht, entspricht folgendem Leitbild der Ehe: Einer der Ehepartner arbeitet, zum Beispiel wegen der Betreuung gemeinsamer Kinder, sehr viel weniger in sozialversicherungsrechtlich relevanter Weise, während der andere einer Vollzeittätigkeit mit entsprechenden Bruttobezügen nachgeht.

Wenn Sie Ihr Eheleben auf diese Weise gestalten, sind die gesetzlichen Regelungen gut und richtig. Denn sie gleichen den Nachteil aus, den Sie dadurch haben, dass Sie wenig oder gar nicht in die Rentenversicherung einzahlen und damit kaum Altersvorsorge haben. Das resultiert daraus, dass bei einer Scheidung die in der Ehezeit von Ihrem Ehepartner in die gesetzliche Rentenversicherung und in alle anderen möglichen Rentenversorgungsverträge eingezahlten Beträge zur Hälfte auf Sie übertragen werden. Damit erreicht das Gericht, dass Sie bei Beendigung der Ehe über die gleich hohen Rentenanwartschaften verfügen können wie Ihr Ehepartner.

Regeln des Versorgungsausgleichsgesetzes

Das Modell der Hausfrauen-Ehe gibt es sicher noch, andere Formen des Zusammenlebens in der Ehe erfordern jedoch eine Anpassung der Regelungen. Der Gesetzgeber hat im Jahr 2009 das Versorgungsausgleichsgesetz geschaffen. Seitdem gilt der Grundsatz der internen Teilung der Anrechte. Bis vor Einführung dieses Gesetzes übertrug zum Beispiel die Deutsche Rentenversicherung nur saldierte Beträge. Saldiert bedeutet, dass die einzelnen Anrechte miteinander verrechnet werden. Wenn der Ehemann 10 Entgeltpunkte auszugleichen hatte und die Ehefrau 4, dann wurde nur die hälftige Differenz, also in diesem Beispiel 3 Entgeltpunkte (6 geteilt durch 2), vom Rentenkonto des Ehemanns auf das Rentenkonto der Ehefrau übertragen. Das erschien gerecht bei den gesetzlichen Rentenanwartschaften. Ging es aber um den Ausgleich betrieblicher Anwartschaften, war die Vergleichbarkeit der einzelnen Anrechte nicht gegeben und führte zu ungerechten Ergebnissen. Die Anrechte in der gesetzlichen Rentenversicherung werden mit Entgeltpunkten berechnet, die Anrechte in der betrieblichen Altersversorgung werden zum Teil mit Versorgungspunkten, Kapitalwerten oder Barwertverordnungen berechnet. Das heißt, es wurden hier Äpfel mit Birnen verglichen.

Mit dem neuen Versorgungsausgleichsgesetz wurde der Grundsatz der Halbteilung eingeführt. Jedes Rentenanrecht wird nun hälftig geteilt und auf den anderen Ehepartner übertragen. Eine Saldierung findet nach dem Gesetz nicht mehr statt.

Das neue Versorgungsausgleichsgesetz bietet über den Paragrafen 6 zudem die Möglichkeit, individuell passende Vereinbarungen zu treffen. Von dieser Möglichkeit sollten Sie Gebrauch machen, wenn Sie keine Hausfrauen-Ehe führen. Fälle, in denen ein Ausschluss des Versorgungsausgleichs sinnvoll ist, sind: die Doppelverdiener-Ehe, in der Sie beide über ein etwa gleich hohes Bruttoeinkommen verfügen, oder die Unternehmer-Ehe, in der einer von Ihnen selbstständig ist.

Im Fall der Doppelverdiener-Ehe erwerben Sie beide in der Ehe entsprechend Ihrem Bruttoeinkommen Rentenanwartschaften. Sie sind daher auf eine Teilung nicht angewiesen. Wird Ihre Ehe geschieden, haben Sie bei der Altersvorsorge keine Nachteile. Wenn der Versorgungsausgleich vom Gericht von Amts wegen durchgeführt würde, entstehen bei der Teilung privater oder betrieblicher Versorgung allerdings Teilungskosten, die vom Guthaben der bisher angesparten Versorgung abgezogen werden. Diese Teilungskosten sparen Sie, wenn der Versorgungsausgleich ausgeschlossen wird.

Besonderheiten der Unternehmer-Ehe

Besteht eine Unternehmer-Ehe, ist eine häufig übersehene Falle zu berücksichtigen. Denn falls Sie keine Regelung für den Versorgungsausgleich treffen, hat dies ungerechte Folgen. Zwar gibt es die Möglichkeit, als Selbstständiger freiwillig Beiträge in die gesetzliche Rentenversicherung einzuzahlen. Von dieser Möglichkeit machen die meisten Unternehmer jedoch keinen Gebrauch. So kann es passieren, dass beispielsweise die Ehefrau als Arbeitnehmerin in die gesetzliche Rentenversicherung während der Ehe einzahlt, ihr Ehemann aber keine Rentenanwartschaften weder in der gesetzlichen Rentenversicherung noch in anderen Rentenversorgungssystemen erwirbt. In diesem Fall wird die Ehefrau die Hälfte ihrer in der Ehezeit erworbenen Rentenanwartschaften an ihren Ehemann abgeben müssen. Sie hingegen kann von ihrem Partner keine Rentenanwartschaften übertragen bekommen. Trifft diese Konstellation auf Sie zu, müssten Sie also zwingend entweder über einen vollständigen Ausschluss des Versorgungsausgleichs nachdenken oder über andere kompensierende Regelungen, etwa bei der Vermögensauseinandersetzung.

Möglich ist auch ein Teilausschluss des Versorgungsausgleichs. Dann könnte etwa nur der Ehemann als selbstständiger Unternehmer – sofern er keine eigenen auszugleichenden Rentenanrechte erworben hat – auf einen Ausgleich der von seiner Partnerin während der Ehe erworbenen Rentenanrechte verzichten.

Häufig gewünscht und üblich ist eine Modifizierung des Versorgungsausgleichs für den Fall, dass aus der geplant oder bis dato kinderlosen Ehe doch noch Kinder hervorgehen.

Diese Regelung kann noch weiter modifiziert werden. So könnte darüber hinaus vereinbart werden, dass der Verzicht nicht gelten soll für die

Zeit von der Geburt des ersten Kindes bis zur Vollendung des 14. Lebensjahrs des jüngsten Kindes. So wäre abgedeckt, dass der betreuende Elternteil bis zum 14. Lebensjahr des jüngsten Kindes für die Rente abgesichert ist. Ab dem Zeitpunkt, in dem die Kinder nicht mehr umfassende Betreuung benötigen, wäre damit aber auch ein Anreiz zur Aufnahme eigener Arbeit gesetzt.

Oft möchten Eheleute, dass der Versorgungsausgleich nur zeitanteilig durchgeführt wird. Hierbei ist wichtig, dass der Zeitpunkt des Eheendes nicht disponibel ist – Sie können diesen Zeitpunkt also in einem Ehevertrag nicht selbst festlegen. Sie können aber formulieren, dass der Versorgungsausgleich nur für die Zeit vom Ehebeginn bis zu einem festgeschriebenen Datum durchgeführt wird.

Nachteile des Beamtenrechts

Neben dem vollständigen Ausschluss des Versorgungsausgleichs ist also auch ein teilweiser Ausschluss oder eine modifizierende Regelung möglich. Zu empfehlen ist eine solche Regelung immer dann, wenn einer von Ihnen oder Sie beide Landes- oder Bundesbeamte sind. Die Besonderheit in diesem Fall liegt darin, dass das Beamtengesetz keine interne Teilung vorsieht. Anders als in der gesetzlichen Rentenversicherung wird also keine interne Verrechnung erlaubt.

Im Fall der Scheidung eines Beamten werden dessen Pensionsanwartschaften extern geteilt. Dies geschieht dadurch, dass diese Anrechte in die gesetzliche Rentenversicherung übertragen werden.

Die externe Teilung hat verschiedene Nachteile. Oft haben Beamte vor ihrer Verbeamtung keine oder nur äußerst geringe Rentenanwartschaften in der gesetzlichen Rentenversicherung erworben. Wenn Sie von Ihrem Ehepartner gesetzliche Rentenanwartschaften übertragen bekommen, kann es je nach deren Höhe vorkommen, dass mit diesen Anwartschaften die Mindestversicherungszeit von fünf Jahren nicht erreicht wird. Die Konsequenz: Hierfür wird später keine Rente ausgezahlt. Um dies zu vermeiden, sollten Sie mit Ihrem Ehepartner eine Verrechnungsvereinbarung abschließen.

Sind Sie beide Beamte, erhalten Sie beide gesetzliche Rentenanwartschaften beim Versorgungsausgleich vom anderen Ehepartner. Tatsächlich ist es heute meist immer noch so, dass Ihre Pensionsansprüche, die durch den Versorgungsausgleich dann gemindert werden, trotzdem werthaltiger sind als Ansprüche in der gesetzlichen Rentenversicherung. So gibt es beispielsweise deutliche Unterschiede bei der Invaliditätsversicherung. Wenn Sie also beide Beamte sind, sollten Sie ebenfalls eine Vereinbarung treffen. Dies kann entweder in der Form geschehen, dass der Versorgungsausgleich insgesamt ausgeschlossen wird für den Fall, dass Sie in etwa gleich hohe Anrechte erworben haben. Sind Ihre Pensionsansprüche unterschiedlich hoch, so können Sie den Versorgungsausgleich ausschließen und zusätzlich einen Kapitalausgleich vereinbaren. Dieser läge in der Höhe der Ihnen nach dem Versorgungsausgleich zustehenden Differenz.

Beispiel: Ihre Ehefrau ist Richterin. Im Rahmen des Versorgungsausgleichs hätte sie einen Betrag in Höhe von 400 Euro auszugleichen. Sie sind Staatsanwalt und hätten einen Betrag von 300 Euro auszugleichen. Den Auskünften des Landesamtes für Besoldung und Versorgung entsprechend hat der Ausgleichsbetrag aus der Versorgung Ihrer Ehefrau einen Kapitalwert von 90 000 Euro. Der Ausgleichsbetrag aus Ihrer Versorgung hingegen hat einen Kapitalwert von 67 500 Euro. Mit Hilfe dieser Kapitalwerte können Sie einen Ausgleichsbetrag in Höhe von 22 500 Euro vereinbaren, den Sie von Ihrer Ehefrau erhalten gegen gegenseitigen Verzicht auf den Versorgungsausgleich. Eine Vereinbarung könnte so aussehen:

„Die Eheleute verzichten gegenseitig auf den Ausgleich ihrer in der Ehezeit erworbenen Rentenanwartschaften und nehmen diesen Verzicht wechselseitig an. Zum Ausgleich der von der Ehefrau erworbenen höheren Rentenanwartschaft erhält der Ehemann einen Kapitalbetrag in Höhe von 22 500 Euro, zahlbar mit Rechtskraft der Scheidung."

Ausländische Rentenversorgungsanrechte

Der Versorgungsausgleich umfasst alle in der Ehezeit erworbenen Rentenanwartschaften, also sowohl die gesetzlichen Anrechte als auch die betriebliche Altersvorsorge, Zusatzversorgungen der öffentlichen Hand und die private Altersvorsorge. Im Rahmen eines Teilausschlusses können Sie vereinbaren, zum Beispiel nur die gesetzlichen Rentenanwartschaften auszugleichen. Hinsichtlich der weiteren auszugleichenden Anrechte können Sie einen Verzicht erklären.

Wenn einer von Ihnen beiden ausländische Rentenversorgungsanrechte erworben hat oder noch erwerben wird, sollten Sie über eine Regelung dieser Anrechte in einem Ehevertrag nachdenken. Nach Paragraf 19 VersAusglG können ausländische Anrechte nicht im Scheidungsverfahren ausgeglichen werden. Sinnvoll könnte hier die Übereinkunft sein, dass bei Scheidung der Wert dieses Anrechts zu ermitteln ist und dieser Wert sodann im Wege der Verrechnung mit inländischen Anrechten ausgeglichen wird. Alternativ kann dieser Wert als Kapitalbetrag an den jeweils anderen Ehepartner ausgezahlt werden.

Besonderheit von Lebensversicherungen

Manche Lebensversicherungen sind mit einem Wahlrecht ausgestattet, bei dem Sie sich jederzeit entscheiden können, ob Sie die Lebensversicherung als Rente oder als Kapitalbetrag ausgezahlt bekommen wollen.

Im Ehevertrag sollten zu solchen Lebensversicherungen Regelungen getroffen werden. Denn das Wahlrecht kann jederzeit – also auch noch nach einer Trennung sogar im laufenden Scheidungsverfahren – ausgeübt werden.

Wenn Sie im Ehevertrag Güterrecht vereinbart haben und Ihr Ehepartner über eine solche Versicherung verfügt, besteht die Gefahr, dass er vom Kapitalwahlrecht Gebrauch macht. Dann fällt diese Lebensversicherung nicht mehr in den Versorgungsausgleich, sondern wäre grundsätzlich im Zugewinnausgleich zu berücksichtigen. Wurde im Ehevertrag Gütertrennung vereinbart, wäre diese Lebensversicherung vollständig dem Ausgleich entzogen.

Es empfiehlt sich deshalb, im Ehevertrag zu vereinbaren, dass der Ehepartner sich verpflichtet, nicht das Wahlrecht zur Kapitallebensversicherung auszuüben, und diese Lebensversicherung im Versorgungsausgleich auszugleichen ist.

Letztendlich sollten Sie immer über Vereinbarungen zum Versorgungsausgleich im Ehevertrag nachdenken. Vielen erscheint dies gerade beim vorsorgenden Ehevertrag, der vor oder kurz nach der Heirat geschlossen wird, unbedeutend. Tatsächlich ist die Rente aber nicht so sicher, wie sie der ehemalige Bundesminister für Arbeit und Sozialordnung, Norbert Blüm, einmal genannt hat. Zudem geht es hierbei um hohe Werte, die Ihr Leben im Alter wirtschaftlich absichern können. Bedenken Sie, dass Sie, um einen Entgeltpunkt in der gesetzlichen Rentenversicherung zu erwerben, einen Betrag von 8 437 Euro einzahlen müssten. In welcher Höhe Ihnen später Rente zusteht, können Sie den jährlich übersandten Renteninformation entnehmen. Mit Ihrer künftigen Rente sollten Sie sich also frühzeitig auseinandersetzen und sie gegebenenfalls zum Thema im Ehevertrag machen.

Was regelt ein Ehevertrag?

Diese Punkte können Sie in Ihrem Ehevertrag individuell regeln:

Sorgerecht
Gemeinsames Sorgerecht, alleiniges Sorgerecht

Versorgungsausgleich
Gesetzliche Rente, Lebensversicherung auf Rentenbasis, betriebliche Altersvorsorge

Erbrecht
Erbvertrag, gemeinschaftliches Testament

Güterstand
Zugewinngemeinschaft, Gütergemeinschaft, Gütertrennung, individuelle Vereinbarung

Unterhalt
Nachehelicher Unterhalt

Unterhalt fair gestalten

Ein vorsorgender Ehevertrag kann Paaren das friedliche Auseinandergehen erleichtern: Für beide Seiten passende Regelungen zum Trennungsunterhalt und nachehelichen Unterhalt sorgen dafür.

Nach dem Gesetz ist ab dem Zeitpunkt der Trennung derjenige, der ein höheres Einkommen hat, dem anderen gegenüber unterhaltsverpflichtet. Denn durch die Eheschließung ist das Paar auch nach dem Scheitern der Beziehung weiter füreinander verantwortlich.

Trennungsunterhalt

In Paragraf 1361 BGB ist der Trennungsunterhalt folgendermaßen geregelt: „Leben die Ehegatten getrennt, so kann ein Ehegatte von dem anderen den nach den Lebensverhältnissen und den Erwerbs- und Vermögensverhältnissen der Ehegatten angemessenen Unterhalt verlangen."

Nehmen wir an, Sie arbeiten in Vollzeit und erzielen monatlich ein Nettoeinkommen in Höhe von durchschnittlich 3500 Euro. Sie planen keine gemeinsamen Kinder. Ihre Ehefrau führt den Haushalt und geht nebenbei einem Minijob mit monatlichen Einkünften von 500 Euro nach. Die Einkommensdifferenz beträgt dann 3000 Euro. Hiervon kann Ihre Ehefrau die Hälfte von Ihnen als Trennungsunterhalt verlangen. Dabei ist der sogenannte Erwerbsanreiz von einem Zehntel noch nicht berücksichtigt. Den Erwerbsanreiz kann jeder von seinem Nettoeinkommen abziehen, der arbeitet, um einen Unterschied zu machen zu demjenigen, der nicht arbeitet.

Ebenso wenig sind etwaige unterhaltsrelevante Abzüge wie private Krankenversicherung, zusätzliche Altersvorsorge oder Kreditzahlungen einbezogen. Diese Positionen können Sie, wenn Sie den Unterhalt berechnen, jeweils von Ihrem Nettoeinkommen abziehen. Dabei ist zu beachten, dass nicht alle monatlichen Fixkosten vom Nettoeinkommen abgezogen werden dürfen. Zum Beispiel dürfen Sie Mietkosten oder Kosten für Telekommunikation oder Lebensmittel nicht abziehen. Diese

Kosten werden berücksichtigt im Selbstbehalt. Der Selbstbehalt ist der Betrag, der einem Unterhaltspflichtigen zur eigenen Versorgung verbleiben muss.

Nur mit der Einkommensdifferenz besteht im oben genannten Fall also ein Trennungsunterhaltsanspruch in Höhe von 1 500 Euro. Im ersten Jahr der Trennung ist in unserem Beispiel die Ehefrau nicht verpflichtet, ihre Erwerbstätigkeit auszuweiten und eine Vollzeitstelle anzunehmen. Im Trennungsjahr soll geprüft werden, ob die Ehe tatsächlich gescheitert ist oder ob sie wieder aufgenommen wird. Wenn die Ehefrau in dieser Zeit verpflichtet wäre, ihre Einkommenssituation zu ändern, würde dies nach Ansicht der Gerichte dem Zweck des Trennungsjahrs widersprechen. Daher darf sie für die Dauer dieses Jahres ihre während der Ehe ausgeübte Tätigkeit in gleichem Umfang weiterführen.

Im vorsorgenden Ehevertrag können Sie keinen vollständigen Verzicht auf Trennungsunterhalt vereinbaren. Dies wäre nach Paragraf 1614 BGB unwirksam. Sie können sich aber über dessen Höhe und Berechnung einigen sowie über die Frage, ob Ihre Ehefrau verpflichtet ist, sich ein Einkommen aus Vollzeittätigkeit fiktiv auf den Unterhaltsanspruch anrechnen zu lassen. Diese Übereinkünfte werden dann im Ehevertrag festgeschrieben. Sie können des Weiteren vereinbaren, dass nach Ablauf des Trennungsjahrs der Trennungsunterhalt herabgesetzt wird oder dass der Trennungsunterhalt nach den gesetzlichen Regelungen gezahlt werden soll.

Beachten Sie also: Grundsätzlich muss Trennungsunterhalt bis zur rechtskräftigen Scheidung gezahlt werden. Nach Ablauf eines Trennungsjahrs ändern sich aber die Parameter zur Berechnung des Trennungsunterhaltes.

Jetzt kann die Ehefrau aus unserem Beispiel sich nicht mehr darauf berufen, dass sie während der Ehe nur in geringfügigem Umfang gearbeitet hat. Liegen keine Hinderungsgründe durch Krankheit, gemeinsame Kinder oder Arbeitslosigkeit trotz erheblichem Bemühen um eine neue Arbeitsstelle vor und erzielt die Ehefrau immer noch kein Einkommen aus Vollzeittätigkeit, dann kann ihr nach Ablauf des Trennungsjahrs ein fiktives Einkommen aus Vollzeittätigkeit angerechnet werden.

Nachehelicher Unterhalt

Ist nach der rechtskräftigen Scheidung weiterhin Unterhalt zu zahlen, spricht man von nachehelichem Unterhalt. Das Gesetz sieht verschiedene Möglichkeiten vor, wann dies der Fall ist. So besteht ein Unterhaltsanspruch, wenn ein Ehepartner wegen der Kinderbetreuung nicht oder nur teilweise erwerbstätig sein kann (§ 1570 BGB – Betreuungsunterhalt). Wenn aus Altersgründen keine Erwerbstätigkeit mehr erwartet werden kann, muss Unterhalt wegen Alters gezahlt werden (§ 1571 BGB). Wer aus Krankheitsgründen an einer Erwerbstätigkeit gehindert ist, erhält Unterhalt wegen Krankheit (§ 1572 BGB), und wer arbeitslos ist, erhält Unterhalt wegen Erwerbslosigkeit (§ 1573 BGB). Darüber hinaus gibt es noch den Ausbildungsunterhalt (§ 1575 BGB) und den Aufstockungsunterhalt (§ 1576 BGB). Von Letzterem wird weiter unten die Rede sein.

Es gibt also eine Vielzahl an Gründen, warum trotz rechtskräftiger Scheidung Unterhalt gezahlt werden muss. Grundsätzlich können Sie im Ehevertrag vollständig auf den nachehelichen Unterhalt verzichten. Ein solcher Verzicht muss aber Ihren Lebensplänen entsprechen und darum wohlüberlegt sein.

Ein vollständiger Unterhaltsverzicht ist immer dann anzuraten, wenn die Eheleute sich finanziell auf dem gleichen Niveau befinden, also beispielsweise in einer Doppelverdiener-Ehe ohne Kinder mit gleichem Bruttoeinkommen leben. Verfügen beide Eheleute über ausreichendes Vermögen, kann ebenfalls über einen Unterhaltsverzicht nachgedacht werden.

Wenn in der Ehe aber Kinder geplant sind und dadurch die Erwerbstätigkeit eines Ehepartners zeitlich eingeschränkt werden kann, sollten Sie nur modifizierte Vereinbarungen zum nachehelichen Unterhalt treffen. So können Sie vereinbaren, dass Sie auf nachehelichen Unterhalt gegenseitig verzichten, dies aber nicht mehr gilt, wenn aus der Ehe Kinder hervorgehen. Folgenden Passus könnten Sie hierzu aufnehmen:

„Die Eheleute verzichten gegenseitig auf jegliche nachehelichen Unterhaltsansprüche. Für den Fall, dass aus unserer Ehe ein oder mehrere Kinder hervorgehen, besteht für den betreuenden Elternteil ein Betreuungsunterhaltsanspruch nach § 1570 BGB."

Hauptstreitpunkt bei der gerichtlichen Klärung von nachehelichen Unterhaltsansprüchen ist die Frage, wie lange ein solcher Unterhalt zu zahlen ist. Um hier für alle Beteiligten Rechtssicherheit zu erlangen, sollten Sie diesen Punkt bereits im Ehevertrag festlegen. So könnten Sie ergänzend formulieren: „Der Betreuungsunterhalt nach § 1570 BGB ist so lange zu zahlen, bis das jüngste Kind die 5. Klasse der weiterführenden Schule beendet hat."

Grundsätzlich können Sie auf alle Unterhaltstatbestände verzichten, die oben genannt wurden. Dabei gelten jedoch die Grenzen, die die

Rechtsprechung zur Inhaltskontrolle von Eheverträgen aufgestellt hat (siehe unten). Sie haben aber wiederum auch die Möglichkeit, einzelne Unterhaltstatbestände vom Verzicht auszunehmen – etwa, wie oben beschrieben, den Betreuungsunterhalt oder auch nur den Unterhalt wegen Krankheit.

Streitthema Aufstockungsunterhalt

In der anwaltlichen Praxis führt der sogenannte Aufstockungsunterhalt zu Differenzen zwischen den Eheleuten. Paragraf 1573 BGB führt hierzu aus:

„(1) Soweit ein geschiedener Ehegatte keinen Unterhaltsanspruch nach den §§ 1570 bis 1572 hat, kann er gleichwohl Unterhalt verlangen, solange und soweit er nach der Scheidung keine angemessene Erwerbstätigkeit zu finden vermag.

(2) Reichen die Einkünfte aus einer angemessenen Erwerbstätigkeit zum vollen Unterhalt (§ 1578) nicht aus, kann er, soweit er nicht bereits einen Unterhaltsanspruch nach den §§ 1570 bis 1572 hat, den Unterschiedsbetrag zwischen den Einkünften und dem vollen Unterhalt verlangen."

Nach dieser Vorschrift kann auch Unterhalt verlangt werden, wenn die Eheleute unterschiedlich hohe Einkünfte haben. Dies ist fast immer der Fall. Die Tatsache, dass derjenige, der höhere Einkünfte erzielt, dem anderen Unterhalt zahlen muss, wird von vielen Eheleuten als ungerecht empfunden und führt zu den meisten Unterhaltsverfahren vor Gericht.

In einem Ehevertrag kann hier vorgesorgt werden: Entweder indem auch dieser Unterhalt vollständig ausgeschlossen wird oder aber, indem dieser Anspruch zeitlich und/oder der Höhe nach begrenzt wird. So können Sie vereinbaren, dass Aufstockungsunterhalt nach Paragraf 1573 BGB nur für ein Viertel der Ehezeit verlangt werden kann. In diesem Fall müssen Sie aber auch festschreiben, was unter Ehezeit zu verstehen ist, nämlich die Zeit von der Heirat bis zur Trennung, Zustellung des Scheidungsantrags oder der rechtskräftigen Scheidung.

Eine feste Begrenzung zum Beispiel auf drei Jahre nach rechtskräftiger Scheidung ist ebenfalls möglich. Sie sollten dann aber in jedem Fall auch oben genannte Ausnahme zum Unterhalt wegen Kinderbetreuung aufnehmen.

Außerdem ist es möglich, den Unterhaltsbetrag in seiner Höhe festzulegen. In einem vorsorgenden Ehevertrag ist das logischerweise schwieriger als in einer Scheidungsfolgenvereinbarung. Denn zu Beginn Ihrer Ehe ist nicht immer klar, wie hoch Ihr Verdienst in der Zukunft sein wird und in welcher Höhe damit Unterhaltsanspruch bestehen wird. Allerdings können Sie gemeinsam überlegen, welchen Lebensstandard Sie aufgrund Ihrer bisherigen Einkünfte haben und ob sich dieser erheblich verbessern oder in etwa gleich bleiben wird. Danach richten Sie dann den zu zahlenden Betrag aus.

Alternativ können Sie einen Höchstbetrag des zu zahlenden Unterhalts festlegen. Dabei formulieren Sie in der Vereinbarung gleichzeitig, dass damit nicht der zu zahlende Betrag gemeint ist, sondern dass dieser nach den gesetzlichen Vorschriften zu ermitteln ist. Nur wenn sich nach dieser Berechnung ein höherer Betrag ergibt, als im Ehevertrag festgelegt ist, wird der Unterhalt auf den im Ehevertrag festgelegten Höchstbetrag begrenzt. Diesen Höchstbetrag sollten Sie mit einer Wertsicherungsklausel versehen, damit dieser den allgemeinen Lebenshaltungskosten angepasst werden kann. Statt eines Höchstbetrags kann selbstverständlich auch ein Mindestbetrag festgelegt werden.

Regeln zur Unterhaltsabfindung

Um eine abschließende Regelung zu finden, kann ferner eine Unterhaltsabfindung vereinbart werden. Die Ehepartner können darin zunächst grundsätzlich gegenseitig auf Unterhalt verzichten, aber dafür eine Übereinkunft nach folgendem Prinzip treffen: Ein Ehepartner schuldet dem anderen bei Dauer der Ehe von 10 Jahren eine Unterhaltsabfindung in Höhe von 10 000 Euro, bei einer Dauer von 20 Jahren sind 20 000 Euro zu zahlen und bei 30 Jahren 30 000 Euro.

Bei der Vereinbarung einer Unterhaltsabfindung ist immer eine steuerliche Beratung notwendig. Unterhaltszahlungen an einen Ehegatten können im Rahmen des begrenzten Realsplittings gemäß Paragraf 10 Abs. 1 Nr. 1 EstG geltend gemacht werden. Die Freibeträge sollten jährlich ausgeschöpft werden. Aus steuerlicher Sicht ist es daher möglicherweise empfehlenswert, den Abfindungsbetrag in zwei jährlichen Raten zu zahlen.

Umgekehrt kann bei kurzer Ehedauer ein Unterhaltsverzicht vereinbart werden, etwa durch folgenden Passus: „Dauert die Ehe fünf Jahre, verzichten die Eheleute gegenseitig auf nacheheliche Unterhaltsansprüche mit Ausnahme des Betreuungsunterhaltsanspruchs, falls Kinder aus der Ehe hervorgehen. Dauert die Ehe länger als fünf Jahre, soll der nacheheliche Unterhalt nach gesetzlicher Grundlage geregelt werden."

Schließlich können Sie im Ehevertrag auch festlegen, welche Einkünfte der Unterhaltsberechnung zugrunde gelegt werden sollen. Übt ein Ehepartner zum Beispiel neben der Vollzeittätigkeit eine selbstständige

Nebentätigkeit aus – wie ein Kleingewerbe, eine Hausarbeiter-, Lehrtätigkeit oder Ähnliches –, kann im Ehevertrag formuliert werden, dass die Unterhaltsberechnung sich nur auf Einkünfte aus der Haupttätigkeit bezieht. Ebenso kann vereinbart werden, dass das Einkommen, das der betreuende Elternteil neben der Kinderbetreuung erzielt, nicht in der Unterhaltsberechnung berücksichtigt wird.

Kindesunterhalt regeln

Wichtig ist es, die Unterhaltsansprüche von Kindern vertraglich zu regeln. Dies gilt sowohl, wenn Sie schon vor der Ehe gemeinsame Kinder hatten, als auch, wenn Sie in der Ehe Kinder haben wollen.

Die Unterhaltsansprüche hängen dabei vornehmlich davon ab, für welches Betreuungsmodell Sie sich entscheiden. Werden die Kinder hauptsächlich von Mutter oder Vater betreut und der jeweils andere Elternteil übernimmt die Erwerbstätigkeit, steht bei einer Trennung dem betreuenden Elternteil der Kindesunterhalt zu.

Wenn die Betreuung zwischen beiden Eltern aufgeteilt ist, zum Beispiel im paritätischen Wechselmodell (50:50), dann besteht ein Ausgleichsanspruch, der sich nach den Einkünften beider Elternteile und unter Berücksichtigung des Erhalts des Kindergelds richtet. Zusätzlich eingerechnet werden hierbei auch die jeweiligen Zahlungen für die Kinder an Musik- und Sportvereine, Zusatzversicherungen etc.

Wenn das Ehepaar bereits Nachwuchs hat, ist der Kindesunterhalt einfach zu regeln. Nach den gesetzlichen Vorgaben richtet sich der Kindesunterhalt nach der Düsseldorfer Tabelle. Diese wird jedes Jahr durch eine aus allen Oberlandesgerichten bestehenden Kommission neu festgelegt. Die Tabelle gliedert sich in vier Altersstufen – 0 bis 5 Jahre, 6 bis 11 Jahre, 12 bis 17 Jahre und ab 18 Jahre – und unterscheidet zudem 15 Einkommensstufen (Nettoeinkommen). Nach der Einordnung des Ehe-

Düsseldorfer Tabelle

Die Düsseldorfer Tabelle ist seit 1962 eine Unterhaltsleitlinie des Oberlandesgerichtes Düsseldorf, die bundesweit anerkannt wird. Die Düsseldorfer Tabelle zeigt unter Einordnung des Nettoeinkommens, wie viel Kindesunterhalt Eltern nach einer Trennung oder Scheidung zahlen müssen.

Nettoeinkommen des/der Barunterhaltspflichtigen	Altersstufen in Jahren (§ 1612a Abs. 1 BGB)				Prozentsatz	Bedarfskontrollbetrag
	0 – 5	6 – 11	12 – 17	ab 18		
Bis 2100	480	551	645	689	100	1200 / 1450
2101 - 2500	504	579	678	724	105	1750
2501 - 2900	528	607	710	758	110	1850
2901 - 3300	552	634	742	793	115	1950
3301 - 3700	576	662	774	827	120	2050
3701 - 4100	615	706	826	882	128	2150
4101 - 4500	653	750	878	938	136	2250
4501 - 4900	692	794	929	993	144	2350
4901 - 5300	730	838	981	1048	152	2450
5301 - 5700	768	882	1032	1103	160	2550
5701 - 6400	807	926	1084	1158	168	2850
6401 - 7200	845	970	1136	1213	176	3250
7201 - 8200	884	1014	1187	1268	184	3750
8201 - 9700	922	1058	1239	1323	192	4350
9701 - 11200	960	1102	1290	1378	200	5050

paares in die Tabelle wird von dem sich daraus ergebenden Betrag der hälftige Kindergeldanteil von zurzeit 125 Euro abgezogen. Diese Summe entspricht dem Kindergeld, das der betreuende Elternteil erhält, das aber beiden Elternteilen zugutekommen soll. Die jeweils aktuelle Düsseldorfer Tabelle und alle Tabellen der letzten Jahre sind im Internet abrufbar unter olg-duesseldorf.nrw.de.

Berechnungsgrundlagen festlegen

Sie können im Ehevertrag festlegen, nach welcher Einkommensstufe Kindesunterhalt zu zahlen ist. Sind die Kinder drei und sieben Jahre alt und der nicht betreuende Elternteil hat ein Nettoeinkommen von durchschnittlich 2700 Euro, dann wäre nach aktueller Düsseldorfer Tabelle (Stand 01.01.2024) für das dreijährige Kind ein Betrag von 528 Euro und für das siebenjährige Kind ein Betrag von 607 Euro zu zahlen. Von diesen Beträgen ist das hälftige Kindergeld abzuziehen, wenn das Kindergeld von der Familienkasse an den betreuenden Elternteil ausgezahlt wird. Sie müssen also für das dreijährige Kind 403 Euro (528 Euro abzüglich 125 Euro hälftiges Kindergeld) zahlen und für das siebenjährige Kinder 482 Euro (607 Euro abzüglich 125 Euro hälftiges Kindergeld).

Sie können dann im Ehevertrag Folgendes fixieren: „Der nicht betreuende Elternteil zahlt für das Kind Max, geboren am 01.01.2021, Kindesunterhalt in Höhe von 110 Prozent des Mindestbedarfs der jeweils gültigen Düsseldorfer Tabelle unter Anrechnung des hälftigen Kindergelds, das bedeutet zurzeit einen Unterhaltszahlbetrag von 403 Euro, und für das Kind Ben, geboren am 01.03.2017, Kindesunterhalt in Höhe von 110 Prozent des Mindestbedarfs der jeweils gültigen Düsseldorfer Tabelle unter Anrechnung des hälftigen Kindergelds, das bedeutet zurzeit einen Unterhaltszahlbetrag von 482 Euro."

Festlegen sollten Sie zugleich, auf welcher Grundlage Sie diesen Betrag ermittelt haben. Falls sich die wirtschaftlichen Verhältnisse des Unterhaltsverpflichteten ändern, ob nach oben oder nach unten, ist daraufhin eine Abänderung der Vereinbarung möglich. Zu der obigen Formulierung wäre also folgende Ergänzung notwendig:

„Grundlage zur Berechnung des Kindesunterhalts ist ein unterhaltsrechtlich relevantes durchschnittliches Nettoeinkommen des nicht betreuenden Elternteils von 2700 Euro."

Eine weitere mögliche Regelung im Ehevertrag sorgt dafür, dass Sie die Höhe des Kindesunterhalts prüfen können: Sie vereinbaren darin, dass der Unterhaltspflichtige einmal jährlich seine Einkünfte offenlegt. Er verpflichtet sich also beispielsweise, jährlich zum 10.01. die Gehaltsabrechnung für den Monat Dezember vorzulegen. Daraus ergibt sich dann sein Gesamtjahresbruttoeinkommen.

Üblich ist es, dass der Unterhaltsverpflichtete sich in der notariellen Urkunde hinsichtlich des Kindesunterhalts der Zwangsvollstreckung unterwirft. Bleiben die Kindesunterhaltszahlungen aus welchen Gründen auch immer einmal aus, hat das den Vorteil, dass sofort aus der notariellen Urkunde vollstreckt werden kann. Der Unterhalt muss also nicht bei Gericht eingeklagt werden.

Ein Verzicht auf Kindesunterhalt ist nicht wirksam. Das hat den Hintergrund, dass es sich beim Kindesunterhalt um einen eigenen Anspruch des Kindes handelt und daher nicht verzichtet werden kann. Unter bestimmten Bedingungen allerdings kann man sich vom Kindesunterhalt freistellen lassen. Wenn zum Beispiel jeder Elternteil ein Kind aus der Ehe betreut, wäre der jeweils andere für das andere Kind unterhaltspflichtig. Hier kommt in Betracht, dass die Eltern sich vom Kindesunterhalt gegenseitig freistellen.

Mehr- und Sonderbedarf

Sie sollten im Rahmen der Vereinbarungen zum Kindesunterhalt auch den Umgang mit Mehr- und Sonderbedarf regeln. Mehrbedarf ist hierbei der regelmäßig anfallende Bedarf, der nicht in den Regelsätzen der Düsseldorfer Tabelle enthalten ist. Hierunter fallen beispielsweise private Krankenversicherungsbeiträge, Kosten für Nachhilfe oder eine Klassenfahrt und Ähnliches. Davon abzugrenzen ist der Sonderbedarf. Er umfasst Posten, die nicht vorhersehbar waren, zum Beispiel die Aufwendungen für eine kieferorthopädische Behandlung oder unvorhergesehene Krankheiten.

Mehrbedarf ist grundsätzlich zusätzlich zum Unterhalt nach der Düsseldorfer Tabelle vom Unterhaltspflichtigen zu zahlen, wenn der andere Elternteil nichts dazu leisten kann. Sonderbedarf ist dagegen ein unregelmäßig auftretender Bedarf, der von beiden Elternteilen anteilig zu zahlen ist.

Wer in welcher Höhe für Mehr- oder Sonderbedarf aufkommen muss, ist ein großes Streitthema bei Trennungen. Dieses Thema sollte daher im Zusammenhang mit dem Kindesunterhalt in den Ehevertrag aufgenommen werden, um eine klare Zuordnung zu ermöglichen. Formulieren könnten Sie: „Ein zusätzlicher Mehr- oder Sonderbedarf ist vom unterhaltspflichtigen Vater zu übernehmen. Die betreuende Mutter hat den Mehr- oder Sonderbedarf rechtzeitig mitzuteilen und durch geeignete Belege nachzuweisen."

03

Hausrat, Wohnsitz, Vorsorge

Den Hausrat verteilen

Die Aufteilung der Haushaltsgegenstände ist gesetzlich geregelt. Und dennoch: Damit es nicht zu Streit kommt, sollten Sie im Vorhinein einige Dinge vereinbaren.

Nach dem Gesetz sind alle während der Ehe gemeinsam angeschafften Haushaltsgegenstände gemeinsames Eigentum beider Eheleute. Im Einzelnen sind dies alle Möbel, Einrichtungsgegenstände, Deko-Artikel, Küchenutensilien sowie Bettwäsche oder Handtücher. Auch Haustiere gehören zu den Haushaltsgegenständen, ebenso das Kraftfahrzeug, das nur für Familienzwecke eingesetzt wird, sowie das Wohnmobil.

Bezüglich der Aufteilung der Haushaltsgegenstände sieht Paragraf 1568b BGB Folgendes vor: „(1) Jeder Ehegatte kann verlangen, dass ihm der andere Ehegatte anlässlich der Scheidung die im gemeinsamen Eigentum stehenden Haushaltsgegenstände überlässt und übereignet, wenn er auf deren Nutzung unter Berücksichtigung des Wohls der im Haushalt lebenden Kinder und der Lebensverhältnisse der Ehegatten in stärkerem Maße angewiesen ist als der andere Ehegatte oder dies aus anderen Gründen der Billigkeit entspricht. (2) Haushaltsgegenstände, die während der Ehe für den gemeinsamen Haushalt angeschafft wurden, gelten für die Verteilung als gemeinsames Eigentum der Ehegatten, es sei denn, das Alleineigentum eines Ehegatten steht fest."

Zusammenfassend handelt es sich bei Haushaltsgegenständen also um alle Gegenstände, die der gemeinsamen Hauswirtschaft und der gemeinsamen Freizeit dienen. Davon abzugrenzen sind die Wertgegenstände, die in den Güterstand fallen. Dies sind zum Beispiel Münzsammlungen, Kunstgegenstände oder Kraftfahrzeuge, wenn beide Eheleute solche besitzen.

Häufiger Streitpunkt ist die Einbauküche. Diese ist meist wesentlicher Bestandteil des Gebäudes und fällt damit nicht unter die Haushaltsgegenstände. Anders ist es nur, wenn die Küche ohne Weiteres ausgebaut und in eine andere Wohnung deckungsgleich eingebaut werden kann. Eine Regelung zu Haushaltsgegenständen in vorsorgenden Eheverträgen könnte folgendermaßen aussehen: Sie einigen sich vorab, dass die Gegenstände, die in der Ehe angeschafft werden, immer demjenigen gehören, der sie bezahlt hat. Zwingend erforderlich hierfür ist, dass Sie alle Rechnungen und Nachweise aufbewahren. Vereinbaren können Sie darüber hinaus, dass bestimmte Gegenstände von einer Teilung des Hausrats ausgeschlossen werden sollen.

In vorsorgenden Eheverträgen wird das Thema Hausrat in der Regel nicht angesprochen und kann auch nur mit oben angesprochenen Vereinbarungen hinterlegt werden.

In Scheidungsfolgenvereinbarungen gibt es zwei Möglichkeiten: Entweder es wird klarstellend formuliert, dass der Hausrat schon auseinandergesetzt ist und die Eheleute keine Ansprüche untereinander dazu stellen, oder es wird eine umfassende Aufteilung einzelner Haushaltsgegenstände vorgenommen.

Einigen Sie sich auf Letzteres, empfiehlt es sich, mit Listen zu arbeiten: Auf einer Liste stehen die der Ehefrau zugewiesenen Haushaltsgegenstände, auf der anderen die des Ehemannes. Diese Listen können dann der notariellen Urkunde als Anlage beigefügt werden.

Sofern Sie für die Anschaffung der Einbauküche oder des PKWs ein Darlehen aufgenommen haben, ist bei der Verteilung der Haushaltsgegenstände zu beachten: Derjenige, der den Gegenstand erhält, übernimmt auch die Darlehensverpflichtung und stellt den anderen Ehepartner zumindest im Innenverhältnis von der Haftung frei. Das bedeutet, dass zwar die Bank noch von beiden Eheleuten die Zahlung der Kreditrate verlangen kann. Aber derjenige, der den Gegenstand allein nutzt, kann von dem anderen nicht mehr die Hälfte der Kreditrate verlangen, wenn er die Rate gezahlt hat.

In steuerrechtlicher Hinsicht sollten Sie berücksichtigen, dass die Zuweisung von Haushaltsgegenständen ab einem Freibetrag von 41 000 Euro schenkungssteuerpflichtig ist (vgl. § 13 Abs.1 a ErbStG). Insbesondere wenn ein Wohnmobil oder ein Kraftfahrzeug hierunter fällt, wird dieser Wert häufig überstiegen.

Wer verlässt das Zuhause?

Bei einer Trennung kann kein Partner den anderen zwingen, das gemeinsame Heim zu verlassen. In dieser Patt-Situation hilft es, wenn das Paar in glücklichen Tagen Lösungen vereinbart hat.

Kommt es zur Trennung, ist der Wunsch nachvollziehbar, sich möglichst bald auch räumlich voneinander abzugrenzen. Probleme treten dann auf, wenn Sie sich nicht einigen können, wer auszieht. Bestenfalls sollten Sie schon beim Kauf einer Immobilie deshalb eine mögliche Scheidung nicht ausblenden, sondern im Gegenteil für diesen Fall gemeinsame Regelungen vereinbaren. Auf diese Weise bewahren Sie sich und Ihren Partner vor nervenaufreibenden Auseinandersetzungen in einer Zeit, in der die Nerven ohnehin schon blank liegen.

Schutz der ehelichen Wohnung

Die eheliche Wohnung ist besonders geschützt. Dies gilt unabhängig davon, ob ein Mietvertrag vorliegt und mit wem dieser geschlossen wurde und auch unabhängig davon, ob die Wohnung oder das Haus Ihnen allein gehört, Ihnen beiden gemeinsam oder gar Dritten wie zum Beispiel Ihren Schwiegereltern. Grundsätzlich hat jeder Ehepartner das Recht zum Besitz an der Ehewohnung. Faktisch kann also keiner der Eheleute den Partner einfach der Wohnung verweisen oder die Schlösser austauschen. Das Recht zum Besitz an der Ehewohnung können Sie nötigenfalls gerichtlich über ein schnelles Verfahren durchsetzen – über die sogenannte einstweilige Anordnung.

Im Familienrecht gibt es die Möglichkeit, unter bestimmten Voraussetzungen eine schnelle Entscheidung des Familiengerichts herbeizuführen. Hierfür müssen Sie einen Antrag auf Erlass einer einstweiligen Anordnung stellen. Das entspricht der in den Zivilverfahren bekannten einstweiligen Verfügung.

Bei einem gerichtlichen Antrag müssen Sie in der Regel bestimmte Dinge durch Zeugenaussage oder Vorlage von Schriftstücken oder Urkunden beweisen. Im Gegensatz dazu genügt es im einstweiligen Anordnungsverfahren, wenn Sie die geschilderten Tatsachen glaubhaft machen. Diese Glaubhaftmachung erfolgt durch Ihre Erklärung zum Sachverhalt, deren Inhalt Sie eidesstattlich versichern müssen. In diesem Verfahren bestehen also erleichterte Beweismöglichkeiten, und das Familiengericht kann schon aufgrund Ihres Sachvortrags einen Beschluss erlassen, ohne dass eine mündliche Verhandlung durchgeführt wird.

Ist also aus bestimmten Gründen Eile geboten, kann eine Entscheidung über den Antrag auf Erlass einer einstweiligen Anordnung schnell erfolgen – zum Beispiel, wenn es um die Zahlung von Unterhalt geht oder um die Herausgabe der ehelichen Wohnung.

Das Amtsgericht kann also im einstweiligen Anordnungsverfahren den Beschluss erlassen, dass Ihnen die Ehewohnung entweder zur Mitnutzung mit Ihrem Ehepartner oder zur alleinigen Nutzung zugesprochen wird. Ihr Ehemann hat die Möglichkeit, bei Gericht dazu den Antrag zu stellen, dass darüber nochmals verhandelt wird. Sie aber haben auf diese Weise erst einmal die (Mit-)Nutzung der ehelichen Wohnung für sich erreicht.

Sofern Sie sich nicht einigen können, wer auszieht, muss eine räumliche Trennung innerhalb der ehelichen Wohnung erfolgen. Sie teilen deren Nutzung somit auf: Jeder Ehepartner erhält ein Zimmer, in dem er sich aufhält, schläft etc. Sie nutzen zwar das Badezimmer und die Küche gemeinsam, sorgen im Alltag jedoch nicht mehr füreinander. Sie kaufen getrennt ein, waschen separat, putzen und kochen nicht mehr gemeinsam.

Vereinbarungen zur Nutzung der ehelichen Wohnung nach Trennung können in einen Ehevertrag aufgenommen werden. Sie können beispielsweise festlegen, dass Sie als Ehefrau in der ehelichen Wohnung verbleiben, da Sie die Kinder betreuen. Ihr Ehemann müsste in diesem Fall ausziehen.

Wichtig zu wissen: Trotz einer solchen Regelung im Ehevertrag liegt hier kein sogenannter vollstreckbarer Räumungstitel vor. Zieht Ihr Mann also nicht aus, obwohl er sich im Ehevertrag dazu verpflichtet hat, müssen Sie diesen Räumungsanspruch gerichtlich geltend machen. Hierbei hilft Ihnen als Indiz die vertragliche Regelung im Ehevertrag, denn darin haben Sie gemeinsam Ihren grundsätzlichen Willen festgehalten.

Wenn Sie sinnvolle Regelungen zu Ihrem gemeinsamen Zuhause in einem Ehevertrag fixieren möchten, sind folgende Fälle zu unterscheiden: Leben Sie in einer gemieteten ehelichen Wohnung – etwa in einer Mietwohnung oder einem Haus zur Miete? Oder wohnen Sie in einer Eigentumswohnung oder in einer eigenen Immobilie? Beim Wohnen im Eigentum ist zu unterscheiden, ob es sich um Miteigentum oder Alleineigentum handelt.

Vereinbarungen für die Mietwohnung

Betrachten wir zunächst die gemietete eheliche Wohnung: Entweder haben Sie oder Ihr Partner die eheliche Wohnung gemietet oder Sie beide gemeinsam. Im Verhältnis zum anderen Ehepartner macht das tatsächlich keinen Unterschied. Zwar wird es ratsam sein, dass derjenige, der den Mietvertrag allein abgeschlossen hat, in der ehelichen Wohnung verbleibt und der andere auszieht. Dann muss der Mietvertrag nicht geändert werden und es gibt keine Probleme mit der Kaution. Zwingend ist dies nicht.

> **Im Ehevertrag könnte zum Beispiel Folgendes geregelt werden: „Sofern einer der Ehepartner die Trennung ausspricht, soll der Ehefrau das Recht verbleiben, die eheliche Wohnung unter Ausschluss des Ehemanns allein weiter zu nutzen. Dazu verpflichtet sich der Ehemann, die Wohnung binnen einer Frist von zwei Monaten ab Ausspruch der Trennung zu räumen."**

Diese Regelung kann unabhängig von der Frage des Eigentums oder des Mietvertrags getroffen werden. Wenn Sie zur Miete wohnen, müssen Sie allerdings möglichst bald mit dem Vermieter ein Einverständnis erzielen, wer den Mietvertrag allein übernimmt. Regeln Sie in solchem Fall auch, wer das Kautionsguthaben übernimmt und wer den Renovierungsverpflichtungen nachkommt, beziehungsweise bitten Sie um eine Freistellung des ausziehenden Ehepartners hiervon. Diese Regelung gilt allerdings während der Trennungsphase also bis zur rechtskräftigen Scheidung nur im Innenverhältnis der Eheleute, also nur direkt zwischen Ihnen beiden. All diesen Änderungen des Mietverhältnisses muss der Vermieter in dieser Phase zustimmen, und es empfiehlt sich, mit ihm eine entsprechende Vereinbarung zu treffen.

Anders verhält es sich, wenn im Ehevertrag eine Regelung zur Nutzung der Ehewohnung nach rechtskräftiger Scheidung getroffen wird.

Dies ist auch ohne Zustimmung des Vermieters möglich. Sie könnten also eine ehevertragliche Regelung wie folgt festlegen: „Der Ehemann verpflichtet sich, die eheliche Wohnung in der X-Straße 1, 11111 Musterstadt binnen eines Monats nach Rechtskraft der Scheidung zu räumen sowie die dazugehörigen Schlüssel an die Ehefrau zu übergeben. Die Ehefrau tritt ab Rechtskraft der Scheidung mit allen Rechten und Pflichten in den Mietvertrag zu vorgenannter Wohnung ein (beziehungsweise setzt das Mietverhältnis unter Ausschluss des Ehemanns allein fort).

Die Eheleute verpflichten sich, dem Vermieter unverzüglich nach rechtskräftiger Scheidung Mitteilung zu machen, wer die eheliche Wohnung übernimmt."

Die Mitteilung an Ihren Vermieter bewirkt bereits die Übernahme des Mietverhältnisses (§ 1568a Abs. 3 Nr. 1 BGB).

Regeln Sie ebenfalls, wer ab wann die Miete und die Nebenkosten zahlt. Sofern ein Ehepartner auszieht, sollte dieser im Ehevertrag von der Zahlung von Miete und Nebenkosten ab Auszug freigestellt werden.

Vereinbarungen für Wohneigentum

Eine für viele Paare bedeutsame Frage lautet an dieser Stelle: Wie aber verhält es sich nun im Falle von Wohneigentum? Die häufig stattfindende Aufforderung „Das ist mein Haus, du musst ausziehen. Wenn du nicht sofort mein Haus verlässt, hole ich die Polizei und lasse dich rausschmeißen" ist rechtlich jedenfalls nicht haltbar. Wie oben beschrieben, genießt die eheliche Wohnung besonderen Schutz. Dieser bezieht sich auf beide Eheleute unabhängig von vertraglichen Rechten oder Eigentumsverhältnissen.

Die Konstellationen in einer Ehe sind vielfältig. Der häufigste Fall dürfte der sein, dass die Eheleute eine Immobilie jeweils zur Hälfte, also zu einem Miteigentumsanteil von jeweils 50 Prozent, erworben haben und diese gemeinsam bewohnen. Der Miteigentumsanteil kann auch anders ausgestaltet sein, weil Sie selbst beispielsweise ein höheres Eigenkapital zum Erwerb der Immobilie eingebracht haben als Ihr Ehepartner. Die Regel ist jedoch der hälftige Miteigentumsanteil.

In anderen Fällen steht die Immobilie im Alleineigentum eines Ehepartners. Vielleicht haben Sie die Immobilie im Rahmen einer vorweggenommenen Erbfolge von Ihren Eltern übernommen. Schließlich kann es auch sein, dass die Immobilie im Eigentum Ihrer Schwiegereltern steht und Sie beide mietfrei dort wohnen können. Für alle hier genannten Gegebenheiten gilt, dass Sie beide das Recht zum Besitz der Ehewohnung haben und daher keiner den anderen einfach vor die Tür setzen kann.

Sofern die Immobilie im Miteigentum steht, ist zu erwarten, dass diese Eigentümergemeinschaft im Zuge der Trennung auseinandergesetzt wird: Einer der Ehepartner wird die Immobilie als Alleineigentum übernehmen und den anderen auszahlen oder die Immobilie wird auf dem freien Markt veräußert. Begrenzen Sie Regelungen zur Nutzung der Immobilie deshalb möglichst auf den Zeitpunkt bis zur Übertragung oder Veräußerung. Denkbar ist gleichfalls, dass zum Beispiel die Ehefrau als Miteigentümerin die Immobilie allein nutzt, bis die im Haus mitwohnenden Kinder volljährig sind oder die Schule abgeschlossen haben.

Trifft das auf Sie zu, wäre folgende Formulierung möglich: „Die im jeweils hälftigen Miteigentum stehende Immobilie (Bezeichnung wie im Grundbuch und Adresse) wird bis zur rechtskräftigen Scheidung (alternativ bis zur Vollendung des 18. Lebensjahrs des jüngsten Kindes) von der Ehefrau und den gemeinsamen Kindern allein unter Ausschluss des Ehemanns als weiterem Miteigentümer genutzt."

Beachten Sie, dass ergänzende Regelungen zu den Fragen getroffen werden müssen, wer die Betriebskosten des Hauses sowie mögliche Finanzierungslasten trägt und ob diese beispielsweise bei einer parallel laufenden Unterhaltszahlung berücksichtigt werden sollen. Sie können zudem aufnehmen, dass beide Partner bis zum Abschluss des Scheidungsverfahrens oder aber bis zum Ablauf der Nutzungsregelungen auf das Recht zur Durchführung der Teilungsversteigerung verzichten.

Wenn Ihre eheliche Wohnung Ihnen allein gehört, ist letztendlich nur eine Regelung sinnvoll: Ihr Ehepartner, der nicht Eigentümer ist, darf die Wohnung bis zur rechtskräftigen Scheidung nutzen. Denn spätestens nach der Scheidung wollen Sie als Eigentümerin Ihre Immobilie sicher alleine bewohnen.

Für den Fall, dass sich die eheliche Wohnung im Eigentum von Dritten befindet, haben beide Ehepartner weiterhin das Recht zum Besitz. Auch hier könnten Sie eine Nutzungsregelung treffen, bis die Scheidung rechtskräftig ist. Spätestens danach werden die Dritten, zum Beispiel Ihre Schwiegereltern, andere Pläne mit der Wohnung haben. Möglicherweise kann sie dann von Ihnen gemietet werden oder Sie erlauben Ihrem gemeinsamen Kind, dort unentgeltlich zu wohnen. Eine Nutzungsregelung über die Rechtskraft der Scheidung hinaus wäre ein unzulässiger Vertrag zu Lasten Dritter und damit rechtlich nicht wirksam.

Fazit: Keiner der Eheleute kann einfach vor die Tür gesetzt werden. Jeder von Ihnen hat das Recht zum Besitz an der ehelichen Wohnung. In einem Ehevertrag können Sie Nutzungsregelungen für die Zeit des Getrenntlebens ohne Probleme vereinbaren.

Das gemeinsame Haus

Das Eigenheim hat für viele Eheleute einen besonderen Wert. Detaillierte Regelungen im Ehevertrag sollten vorgeben, wie im Falle einer Trennung oder Scheidung mit dem Immobilienbesitz zu verfahren ist.

Beim Scheitern einer Beziehung ist für viele Ehepaare eine Frage ganz wesentlich: Was geschieht nun mit der Immobilie, die beiden Partnern gemeinsam gehört? Zunächst ist es wichtig zu wissen, dass im Scheidungsverfahren selbst die Immobilie keine Rolle spielt. Ob bis zur rechtskräftigen Scheidung die Vermögensauseinandersetzung betreffend die Immobilie erledigt ist oder nicht, spielt familienrechtlich keine Rolle.

Von einer Vermögensauseinandersetzung spricht man, wenn Vermögenswerte aufgeteilt werden, die Ihnen gemeinsam gehören. Beispiele sind das gemeinsame Haus oder das gemeinsame Auto, aber auch gemeinsame Bankkonten.

Dennoch sollten Sie nach Möglichkeit die Vermögensauseinandersetzung im Zusammenhang mit der Scheidung klären. Das hat zunächst einmal steuerrechtliche Gründe, denn Grundstücksübertragungen unter Eheleuten sind nicht grunderwerbsteuerpflichtig – dies gibt Paragraf 3 Ziff. 4 des Grunderwerbsteuergesetzes vor.

Möglichkeiten der Vermögensauseinandersetzung

Zum einem könnten Sie Ihren hälftigen Anteil an dem Haus auf Ihren Ehepartner übertragen. Dieser zahlt zukünftig die Kreditraten für die Immobilie. Zum anderen käme es in Frage, das Haus gemeinsam zu verkaufen. Von dem erzielten Kaufpreis zahlen Sie die Schulden bei der Bank ab und teilen sich den noch verbleibenden Kaufpreis. Möglicherweise müssen Sie hier an die Bank Schadensersatz zahlen, weil Sie die

Kredite vorzeitig ablösen – man spricht in diesem Fall von einer Vorfälligkeitsentschädigung. Eine weitere Alternative wäre es, eine Teilungsversteigerung durchzuführen.

Die Teilungsversteigerung ist der letzte Ausweg, wenn Sie sich über das Schicksal der Immobilie nicht einigen können. Es handelt sich hierbei um eine Zwangsversteigerung. In der Regel ist dies die aus wirtschaftlicher Sicht schlechteste Möglichkeit. Außerdem dauert sie am längsten und bietet sehr viel Streitpotenzial. Ein weiterer Nachteil: Nach Abschluss der Versteigerung vor dem Amtsgericht wird der Ihnen zustehende Erlös nicht direkt an Sie und Ihren Ehepartner ausgezahlt. Der Erlös wird beim Amtsgericht hinterlegt. Dieses fordert Sie dann zunächst auf, mitzuteilen, in welcher Höhe der Erlös wem von Ihnen beiden zusteht. Daraus ergibt sich weiteres Streitpotenzial, denn grundsätzlich waren Sie in unserem Beispiel jeweils zur Hälfte Miteigentümer der Immobilie und der Darlehensverbindlichkeiten. In dieser Phase des Verfahrens werden dann aber gerne von einer Seite Ansprüche aus Zeiten des Zusammenlebens geltend gemacht – etwa, was die Zahlung von Betriebskosten für das Haus angeht. In einem solchen Fall schließt sich an das ohnehin schon langwierige Teilungsversteigerungsverfahren noch ein weiteres gerichtliches Verfahren zu dem hinterlegten Erlös an.

Wenn Sie Ihre Immobilie im Falle der Scheidung an einen Dritten veräußern, ist zwingend die notarielle Beurkundung des Kaufvertrags notwendig, sodass es hierzu keiner Regelungen im Ehevertrag bedarf.

Übertragung von Miteigentum

Bleibt also die Vermögensauseinandersetzung bei Übertragung des Miteigentumsanteils auf den anderen Ehepartner. Ratsam ist es, diese im Ehevertrag nicht nur ausführlich und gründlich zu behandeln, sondern auch nicht unabhängig von anderen Trennungsfolgen, etwa den Regelungen zum Güterrecht.

Zunächst muss der Wert der Immobilie festgestellt werden. Der Wert, auf den sich die Eheleute einigen, liegt dann der Auseinandersetzung zugrunde. Oft weichen die Vorstellungen hierzu gravierend voneinander ab. Orientierung kann in diesem Fall die Marktwerteinschätzung eines Sachverständigen geben. Der Auszahlungsanspruch des übertragenden Miteigentümers berechnet sich anhand des Werts abzüglich der darauf noch lastenden Restschulden. Wenn die Immobilie einen Wert von 350 000 Euro hat und Restschulden von 150 000 Euro bestehen, beträgt der sogenannte Nettoerlös 200 000 Euro. Der hälftige Betrag wäre an den übertragenden Miteigentümer auszuzahlen.

Ein Formulierungsbeispiel für diesen Vorgang: „Die Eheleute sind sich einig, dass der Ehemann den hälftigen Miteigentumsanteil der Ehefrau an der Immobilie (Bezeichnung wie im Grundbuch) gegen Zahlung eines Ausgleichsbetrags in Höhe von 100 000 Euro übernimmt und er Alleineigentümer wird. Gleichzeitig bewilligen und beantragen die Eigentümer die Umschreibung im Grundbuch."

Regelung der Darlehensverpflichtungen

Die Familienimmobilie ist meistens über Darlehensverträge finanziert, die beide Eheleute unterschrieben haben. Wenn die Immobilie nun zum Beispiel auf Sie als Ehemann übertragen wird, hat Ihre Ehefrau ein Interesse daran, nicht mehr für die Schulden der Immobilie zahlen zu müssen.

Sie müssen also im Vertrag regeln, dass der übernehmende Miteigentümer die Haftung für die Verbindlichkeiten bei den finanzierenden Banken im Innen- und Außenverhältnis übernimmt, wenn Sie beide als Miteigentümer – wie es die Regel ist – die Darlehensverträge unterschrieben haben. Das bedeutet, dass bevor hier Regelungen getroffen werden, Gespräche mit der finanzierenden Bank geführt werden müssen. Dabei ist zu klären, ob diese bereit ist, den übertragenden Miteigentümer aus der Haftung zu entlassen. Das ist die sogenannte Haftung im Außenverhältnis zur Bank. Wenn die Bank dem zustimmt, ist die Haftungsfreistellung in den Ehevertrag aufzunehmen. Dann übernimmt der Ehepartner also nicht nur die Immobilie zum Alleineigentum, sondern er übernimmt auch die Darlehensverträge und muss zukünftig die Raten hierfür selbst tragen.

Ein Formulierungsbeispiel: „Der Ehemann übernimmt die Darlehensverbindlichkeiten bei der XY-Bank (Darlehenskontonummern) ab dem ... und stellt die Ehefrau von der Haftung im Innen- und Außenverhältnis frei."

Manche Banken stimmen der Haftungsfreistellung des weichenden, also des die Immobilie übertragenden Ehepartners nicht zu. Dann muss der Ehevertrag Regelungen zur Haftungsfreistellung im Innenverhältnis enthalten.

So kann geregelt werden, dass die übertragende Miteigentümerin von der Haftung im Innenverhältnis vom übernehmenden Miteigentümer freigestellt wird. Das bedeutet, dass derjenige Ehepartner, der dann Alleineigentümer wird, sich gegenüber der weichenden Miteigentümerin verpflichtet, die Darlehensraten zu zahlen. Die Gefahr, die dabei jedoch weiterhin besteht: Zahlt der übernehmende Miteigentümer die Raten nicht, kann die finanzierende Bank an die übertragende Miteigentümerin herantreten und die Zahlung der Darlehensraten in voller Höhe verlangen. In diesem Rechtsverhältnis zwischen Darlehensnehmer, übertragender Miteigentümerin und Bank muss Zahlung erfolgen. Hat die weichende Ehepartnerin den ausstehenden Betrag bezahlt, kann sie ihn vom übernehmenden Miteigentümer in voller Höhe zurückfordern. Es wird aber einen Grund gegeben haben, warum dieser schon gegenüber der Bank keine Zahlung geleistet hat. Deshalb ist es oftmals so, dass eine solche Rückforderung ins Leere läuft. Eine Absicherung über den Ehevertrag ist daher ratsam.

Sie können etwa eine Regelung aufnehmen, dass der übertragende Ehepartner bei Nichterteilung der Haftungsfreistellung im Außenverhältnis zur Bank binnen einer Frist von sechs Monaten vom Vertrag zurücktreten kann. Eine andere Möglichkeit wäre, dass sich der übernehmende Partner zur Ablösung der Restschulden verpflichtet, falls die Haftungsfreistellung im Außenverhältnis zur Bank nicht binnen einer Frist von sechs Monaten erteilt wird.

Ein Formulierungsbeispiel: „Sollte die Haftungsfreistellung der finanzierenden Bank sechs Monate nach Beurkundung nicht vorliegen, behält sich die Ehefrau den Rücktritt vom Vertrag vor (alternativ: verpflichtet sich der Ehemann, die Verbindlichkeiten bei der XY-Bank vollständig abzulösen)."

Umgang mit Photovoltaikanlagen

Immer mehr Hausbesitzer haben eine Photovoltaikanlage auf ihrer Immobilie installiert. Wenn eine Immobilie veräußert oder auf einen Ehepartner übertragen wird, sollte daran gedacht werden, gegebenenfalls auch Vereinbarungen bezüglich dieser Photovoltaikanlage aufzunehmen. In der Regel will der neue Eigentümer diese Anlage weiternutzen – natürlich ohne Beteiligung der ehemaligen Eigentümer. Manchmal haben die Eheleute zuvor aus steuerrechtlichen Gründen eine Gesellschaft des bürgerlichen Rechts für das Betreiben der Photovoltaikanlage gegründet. Diese sollte aufgelöst und die richtige Zuordnung der Einkünfte aus der Anlage geregelt werden. Auch das kann im Ehevertrag, mit dem die Vermögensauseinandersetzung erfolgt, geregelt werden.

Steuerliche Aspekte

Zu beachten ist möglicherweise außerdem der Anfall von Spekulationssteuer. Die steuerliche Spekulationsfrist beträgt zehn Jahre gemäß Paragraf 23 Abs.1 Einkommensteuergesetz. Hier sollten die Eheleute sich vor Beurkundung der getroffenen Regelungen unbedingt steuerlichen Rat einholen. Zwar gibt es das sogenannte Steuerprivileg für selbst genutztes Wohnungseigentum, für das keine Spekulationssteuer anfällt.
Gerade in Fällen der Auseinandersetzung von Eigentümergemeinschaften bei Eheleuten im Zuge der Trennung lauern hier aber steuerrechtliche Fallen:

Arbeitszimmer. Ist in der Immobilie ein häusliches Arbeitszimmer eingerichtet, gilt für dieses das Steuerprivileg nicht.

Auszug. Zieht der spätere Eigentümer zunächst aus der Immobilie aus und vergeht mehr als ein Jahr nach Trennung und Auszug, dann entfällt für diesen Eigentümer das Steuerprivileg. Hier gibt es aber Ausnahmen, wenn der spätere Nichteigentümer mit einem gemeinsamen kindergeldberechtigten Kind im Haus verbleibt.

Vermietung. Wird die Immobilie vermietet, ist dies steuerschädlich. Das ist der Fall, wenn beispielsweise die Immobilie nicht mehr von Ihnen selbst genutzt wird, sondern an einen Dritten vermietet wird.

Teilnutzung. Wird die Immobilie nur teilweise für eigene Wohnzwecke verwendet, entfällt das Steuerprivileg anteilig.

Spekulationsfrist. Überträgt der Alleineigentümer zum Ausgleich des Zugewinns dem anderen Ehepartner seine innerhalb der letzten zehn Jahre erworbene Immobilie, dann fällt Spekulationssteuer an. Erwirbt ein Miteigentümer die Immobilie vom jeweils anderen Miteigentümer, beginnt die Frist der Spekulationssteuer neu zu laufen.

Generell gilt: Übertragungen unter Eheleuten sind grundsätzlich grunderwerbssteuerfrei. Ist allerdings die Auseinandersetzung des Vermögens zwischen den Eheleuten schon abgeschlossen, fällt Grunderwerbssteuer an. Regeln Sie also sämtliche Vermögensauseinandersetzung zu Ihrer Immobilie anlässlich der Scheidung in einem Vertrag.

Erbregelungen

Nicht immer sind die Vorgaben des Erbrechts für den Fall einer Trennung oder Scheidung im Sinne der Ehepartner. Mittels Ehevertrag und anderer Maßnahmen lässt sich dies korrigieren.

Zunächst ist es wichtig zu wissen, wie die gesetzlichen Erbregelungen für verheiratete Paare aussehen. Das regelt Paragraf 1931 BGB:
„(1) Der überlebende Ehegatte des Erblassers ist neben Verwandten der ersten Ordnung zu einem Viertel, neben Verwandten der zweiten Ordnung oder neben Großeltern zur Hälfte der Erbschaft als gesetzlicher Erbe berufen. Treffen mit Großeltern Abkömmlinge von Großeltern zusammen, so erhält der Ehegatte auch von der anderen Hälfte den Anteil, der nach § 1926 den Abkömmlingen zufallen würde.
(2) Sind weder Verwandte der ersten oder der zweiten Ordnung noch Großeltern vorhanden, so erhält der überlebende Ehegatte die ganze Erbschaft.
(3) Die Vorschrift des § 1371 bleibt unberührt.
(4) Bestand beim Erbfall Gütertrennung und sind als gesetzliche Erben neben dem überlebenden Ehegatten ein oder zwei Kinder des Erblassers berufen, so erben der überlebende Ehegatte und jedes Kind zu gleichen Teilen; § 1924 Abs. 3 gilt auch in diesem Falle."

Wichtig für Eheleute ist diese weitere Regelung in Paragraf 1371 BGB:
„(1) Wird der Güterstand durch den Tod eines Ehegatten beendet, so wird der Ausgleich des Zugewinns dadurch verwirklicht, dass sich der gesetzliche Erbteil des überlebenden Ehegatten um ein Viertel der Erbschaft erhöht; hierbei ist unerheblich, ob die Ehegatten im einzelnen Falle einen Zugewinn erzielt haben."

Gesetzliche Erbfolge

Zunächst sind einige Rechtsbegriffe zu erklären. Denn das gesetzliche Erbrecht der jeweiligen Verwandten richtet sich nach einem Ordnungssystem: Erben erster Ordnung sind nach Paragraf 1924 BGB die Kinder. Erben zweiter Ordnung sind nach Paragraf 1925 BGB die Eltern sowie Geschwister des Verstorbenen. Viele kinderlose Paare wissen in diesem Zusammenhang tatsächlich nicht, dass neben dem Ehepartner nach gesetzlichem Erbrecht auch die Eltern und Geschwister erben.

Sind also Kinder oder Eltern und Geschwister des Verstorbenen vorhanden, so erben diese nach den oben dargestellten Grundsätzen neben dem hinterbliebenen Ehepartner.

Wie unterschiedlich die Erbquoten ausfallen können, zeigen die Beispiele auf der nächsten Seite. Werden keine abweichenden Regelungen zum gesetzlichen Erbrecht getroffen, sind die Erbquoten oft nachteilig für den hinterbliebenen Ehepartner. Außerdem kann sich aus dem Todesfall die Rechtsfolge ergeben, dass sich der Ehepartner des oder der Verstorbenen dann in einer Erbengemeinschaft mit den Kindern oder sogar mit den Schwiegereltern befindet. Diese Konsequenzen sind vielen Ehepaaren tatsächlich nicht bewusst und von ihnen in der Regel so auch nicht gewollt.

Die Erbengemeinschaft und ihre Nachteile

Nach Paragraf 2032 BGB bilden alle gesetzlichen Erben eine Erbengemeinschaft. Das Nachlassvermögen steht damit der Erbengemeinschaft gemeinsam zu. Das bedeutet, dass keiner der Erben ohne die anderen Erben über das Vermögen verfügen kann, auch nicht über Teile des Vermögens. Sämtliche Verfügungen sind mit den anderen Erben abzustimmen und gemeinsam zu entscheiden. Das bleibt so, bis die Erbengemeinschaft insgesamt auseinandergesetzt ist – alle Erben haben dann gemeinsam entschieden, wer welches Vermögen in welcher Höhe erhält. Streitigkeiten unter Mitgliedern einer Erbengemeinschaft sind leider häufig und werden oft erbittert über mehrere Jahre vor Gericht geführt. Besser ist es deshalb, diesbezüglich vorzusorgen und möglichst viele Streitpunkte im Vorfeld zu klären.

Auch hier gilt: Die gesetzlichen Erbregelungen können abgewandelt werden. Als Ehepaar können Sie das entweder über Einzeltestamente, ein gemeinsames Testament oder einen Erbvertrag tun. Wenn jeder von Ihnen ein eigenes Testament, also ein Einzeltestament, schreibt, gibt es einen entscheidenden Nachteil: Dieses Testament kann jederzeit und auch ohne Ihr Wissen von Ihrem Ehepartner abgeändert werden. Nur das zuletzt erstellte Testament ist das entscheidende. Besser ist also ein gemeinsames Testament. Das Erbrecht ist jedoch durchaus viel-

Erbquoten – mit und ohne Ehevertrag

Sind Kinder oder Eltern und Geschwister des Verstorbenen vorhanden, so erben diese gemäß Gesetz neben dem überlebenden Ehegatten. Die beiden ersten Diagramme zeigen die Erbquote im Falle der Zugewinngemeinschaft. Haben Sie über einen Ehevertrag Gütertrennung vereinbart, dann gilt §1371 BGB nicht und die Erbquoten verschieben sich wie in den beiden unteren Abbildungen dargestellt.

Ehe mit 2 Kindern:

Ehe ohne Kinder:

Erbquoten bei Zugewinngemeinschaft

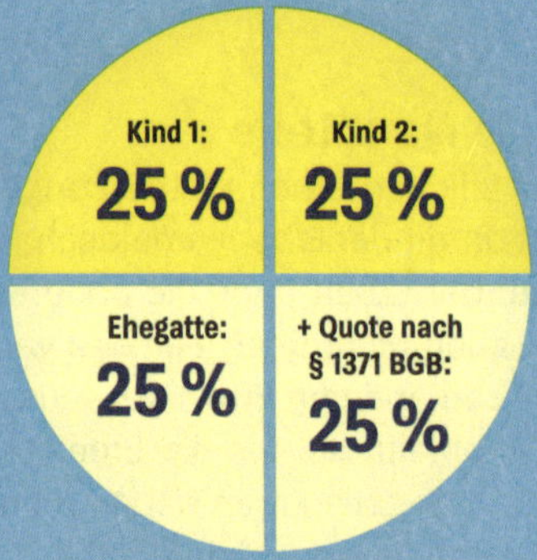

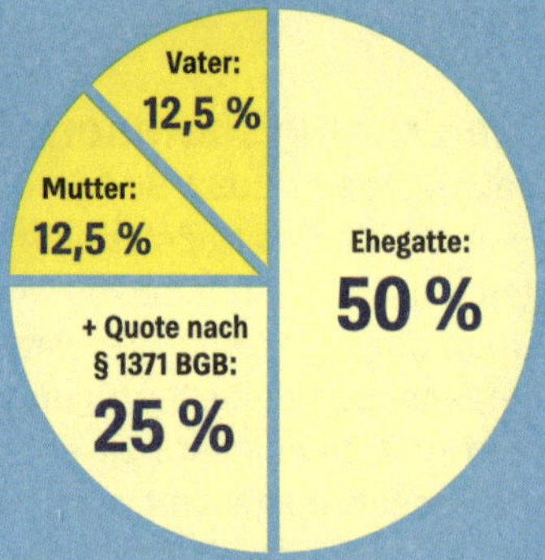

Erbquoten bei Gütertrennung

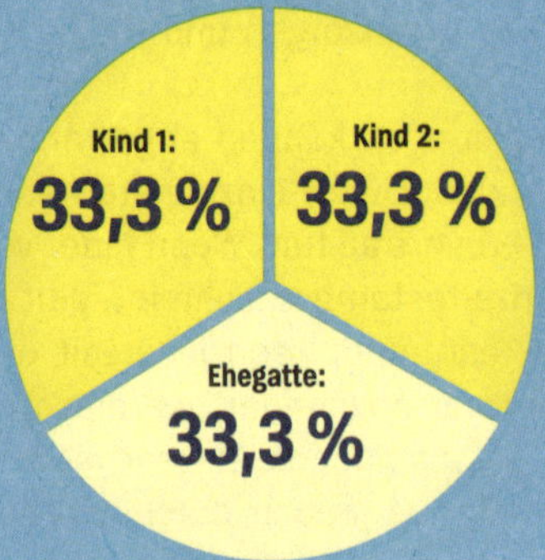

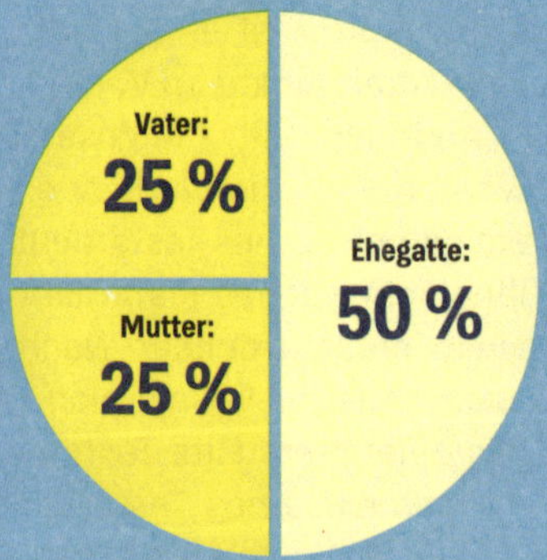

schichtig und kompliziert und Sie sollten sich genauestens über die Konsequenzen etwaiger Regelungen klar sein. Darüber hinaus sind erbschaftssteuerrechtliche Folgen zu beachten. Bevor Sie also ein gemeinsames Testament abfassen, sollten Sie sich umfassend erb- und steuerrechtlich beraten lassen, am besten von einem Fachanwalt für Erbrecht. Grundsätzlich können Sie ein gemeinsames Testament aber auch selbst erstellen.

Bitte denken Sie in jedem Fall unbedingt daran, dass das Testament nicht am Computer geschrieben sein darf. Die Formvorschrift des Paragrafen 2247 BGB sieht die eigenhändig geschriebene und unterschriebene Form vor. Achten Sie bei einem gemeinsamen Testament auch darauf, dass beide Eheleute unterschreiben und Ihr Ehepartner am besten vor der Unterschrift handschriftlich vermerkt, dass das Vorgenannte auch seinem Willen entspricht.

Rechtssichere Alternative Erbvertrag

Mit Hilfe eines Erbvertrags lassen sich Erbangelegenheiten rechtssicher gestalten. Sie können einen solchen Erbvertrag dabei mit dem Ehevertrag verbinden. Bitte beachten Sie: Ein Erbvertrag muss zwingend notariell beurkundet werden und löst dadurch weitere Gebühren beim Notar aus. Paragraf 1941 BGB regelt den Erbvertrag wie folgt:

„1) Der Erblasser kann durch Vertrag einen Erben einsetzen, Vermächtnisse und Auflagen anordnen sowie das anzuwendende Erbrecht wählen (Erbvertrag).

(2) Als Erbe (Vertragserbe) oder als Vermächtnisnehmer kann sowohl der andere Vertragschließende als ein Dritter bedacht werden."

Wenn Sie die oben beschriebenen gesetzlichen Erbregelungen abändern wollen, können Sie das in einem Erbvertrag tun. So können Sie beispielsweise sich gegenseitig als Erben einsetzen und bestimmen, dass Ihre Kinder erst erben sollen, wenn beide Eheleute verstorben sind. So vermeiden Sie eine Erbengemeinschaft des weiterlebenden Ehepartners mit Ihren gemeinsamen Kindern.

Wenn Sie möchten, dass das Vermögen nach Ihrem Tod weitestgehend erhalten bleibt, dann können Sie eine Vor- und Nacherbenregelung im Erbvertrag niederschreiben. Dann erbt Ihr Ehepartner nach Ihrem Tod als Vorerbe zwar das gesamte Vermögen, er unterliegt aber gewissen Beschränkungen bei der Verwaltung des Vermögens. Das heißt, er kann das Vermögen nicht verbrauchen und es bleibt so den Kindern erhalten. Diese gesetzlichen Verfügungsbeschränkungen können Sie im Erbvertrag auch aufheben.

Auch die Erbquote des hinterbliebenen Ehepartners lässt sich abändern. Sie könnten im Erbvertrag festlegen, dass trotz bestehender Gütertrennung im Fall des Versterbens des Ehepartners der andere Partner den um ein Viertel höheren Erbanteil als gesetzlich vorgesehen erhält.

Möglich ist selbstverständlich auch, direkt die Kinder als Vollerben einzusetzen und den hinterbliebenen Ehepartner im Rahmens eines Vermächtnisses etwa mit einer Immobilie oder einem höheren Geldbetrag zu bedenken. Auch das Einräumen eines lebenslangen Nutzungsrechts oder Wohnrechts an einer Immobilie kommt hier als Ausgleich in Betracht.

In Patchworkfamilien oder Ehen im hohen Alter ist es oftmals erwünscht, dass die Kinder aus der vorherigen Ehe oder Beziehung das Vermögen des Elternteils erben und nicht der neue Partner. Dies lässt sich ebenfalls in einem Erbvertrag regeln. Teil der Vereinbarung muss dann aber zudem sein, dass der hinterbliebene Ehepartner nicht nur auf sein Ehegattenerbrecht verzichtet, sondern auch auf den ihm grundsätzlich zustehenden Pflichtteil.

Wichtig ist, dass Regelungen im Erbvertrag grundsätzlich bindend sind, wenn nicht etwas anderes geregelt ist. Wenn Sie sich in einem Erbvertrag als Ehepartner gegenseitig als Erben einsetzen, so sind Sie an diese Regelung gebunden und können diese nicht einseitig widerrufen.

Diese Bindungswirkung kann im Erbvertrag jedoch für bestimmte Fälle ausgenommen werden oder es kann ein Rücktritt vorbehalten werden. Es gibt hier sehr viele Gestaltungsmöglichkeiten, die Sie vorab mit einem Fachanwalt für Erbrecht durchsprechen sollten.

Das gesetzliche Ehegattenerbrecht entfällt mit der Scheidung der Ehe. Der Erbvertrag und ein gemeinsames Testament entfalten bei rechtskräftiger Scheidung gleichfalls keine Rechte mehr, es sei denn, im Erbvertrag ist etwas anderes geregelt.

Auch im folgenden speziellen Fall besteht das Ehegattenerbrecht nicht mehr: Ihr Ehepartner verstirbt und zu diesem Zeitpunkt lagen die Voraussetzungen zur Scheidung der Ehe – durch Ablauf des Trennungsjahrs – bereits vor und der Scheidungsantrag war eingereicht oder Sie haben dem Scheidungsantrag bereits zugestimmt.

Vorsorge für den Betreuungsfall

In einem Ehevertrag sollten Regelungen für den Fall enthalten sein, dass einer der Ehepartner aufgrund einer medizinischen Notsituation der Betreuung bedarf.

Konnte ein Ehepartner nicht mehr für sich selbst eintreten, galt bis zum Jahr 2022 folgende Regelung: Dem anderen Ehepartner war es nicht möglich, für den verunfallten oder schwer kranken Partner Entscheidungen zu treffen, wenn er nicht zuvor von diesem genau hierfür beauftragt worden war. Wenn die Eheleute also keine Vorsorgevollmacht hatten, musste bis Ende 2022 für den erkrankten Ehepartner, der selbst keine Entscheidungen mehr treffen konnte, eine gesetzliche Betreuung eingerichtet werden. Das konnte auch der jeweils andere Ehepartner sein, allerdings unterlag dieser als Betreuer der Kontrolle durch das Betreuungsgericht.

Das Ehegattennotvertretungsrecht

Seit 1. Januar 2023 gilt nun ein neues Ehegattennotvertretungsrecht. Geregelt ist dieses in dem neu geschaffenen Paragrafen 1358 BGB. Hiernach kann ein Ehepartner für den anderen Partner, der aufgrund von Bewusstlosigkeit oder Krankheit seine Angelegenheiten nicht selbst regeln kann, Entscheidungen zur Gesundheitsfürsorge treffen.

Dabei kann der Ehepartner im Rahmen dieses Notvertretungsrechts

1. in Gesundheitsuntersuchungen, Heilbehandlungen oder ärztliche Eingriffe einwilligen oder sie untersagen sowie ärztliche Aufklärungen entgegennehmen,

2. Behandlungsverträge, Krankenhausverträge oder Verträge über eilige Maßnahmen der Rehabilitation und der Pflege abschließen und durchsetzen,

3. über freiheitsentziehende Maßnahmen entscheiden, soweit die jeweilige Maßnahme nicht länger als sechs Wochen andauert,

4. Ansprüche, die dem Erkrankten aus Anlass der Erkrankung gegenüber Dritten zustehen (z. B. Pflegegeld, Krankengeld) geltend machen.

Geregelt ist nun außerdem, dass die Ärzte hinsichtlich der oben genannten Punkte von der grundsätzlich bestehenden Schweigepflicht entbunden sind.

Ausschluss des Notvertretungsrechts

Unter bestimmten Gegebenheiten ist das Notvertretungsrecht des Ehepartners ausgeschlossen: So ist dies zum einen der Fall, wenn die Eheleute dauerhaft voneinander getrennt leben. Zum anderen greift dieses Recht nicht, wenn den behandelnden Ärzten – zum Beispiel durch Vorlage einer Vorsorgevollmacht für jemand anderen als die Ehefrau oder den Ehemann – bekannt ist, dass der erkrankte Ehepartner die Vertretung durch den anderen Ehepartner ablehnt oder wenn eine rechtliche Betreuerin bereits eingesetzt wurde.

Das Notvertretungsrecht gilt längstens sechs Monate. Damit ist es eine vorübergehende wichtige gesetzliche Regelung, die aber unbedingt der Ergänzung über die sechs Monate hinaus bedarf.

Bitte überlegen Sie sich im Vorfeld gut, wie Sie im Fall einer Erkrankung Ihre Dinge geregelt haben möchten. Ratsam ist es, eine Vorsorgevollmacht für Ihren Ehepartner oder einen Dritten zu erstellen. Des Weiteren können Sie eine umfassende Patientenverfügung verfassen, um klarzustellen, mit welchen Behandlungsmethoden Sie einverstanden sind und mit welchen nicht.

Andererseits können Sie in einem vorsorgenden Ehevertrag das Ehegattennotvertretungsrecht für den Fall der Trennung und Scheidung ausdrücklich ausschließen beziehungsweise diesem widersprechen. Eine Formulierung könnte so aussehen:

„Ab dem Zeitpunkt der von beiden Ehegatten schriftlich bestätigten Trennung widersprechen wir der Ehegattenvertretung gemäß § 1358 BGB und vereinbaren, dass dieses Recht ausgeschlossen wird. Dieser Widerspruch soll ab dem Zeitpunkt der Trennung in das Zentrale Vorsorgeregister eingetragen werden."

Grenzen eines Ehevertrags

Ein notarieller Ehevertrag unterliegt Beschränkungen. Der Schutz, den die gesetzlichen Regelungen den Ehepartnern bieten, darf nicht unterlaufen werden.

Die Gerichte haben in den letzten Jahren eine klare Richtlinie definiert, in welchen Grenzen die Errichtung eines Ehevertrags möglich ist. Dabei wurde die Kernbereichslehre entwickelt, nach der Eheverträge zu beurteilen sind.

Das Urteil des Bundesgerichtshofs vom 11.02.2004 (XII ZR 265/02) nannte für diese Einschränkung entscheidende Kriterien. In der Pressemitteilung des Bundesgerichtshofs wird hierzu Folgendes ausgeführt:

„Nach Auffassung des Senats steht es Ehegatten grundsätzlich frei, die gesetzlichen Regelungen über den Zugewinn, den Versorgungsausgleich und den nachehelichen Unterhalt ehevertraglich auszuschließen."

Damit hat das Gericht festgestellt, dass Eheleute über einen Ehevertrag grundsätzlich die gesetzlichen Regelungen abändern können – man spricht dabei von der freien Disponibilität. Der Bundesgerichtshof führt jedoch weiter aus:

„Allerdings darf der Schutzzweck dieser Regelungen nicht beliebig unterlaufen werden. Die Grenze ist dort zu ziehen, wo die vereinbarte Lastenverteilung der individuellen Gestaltung der ehelichen Lebensverhältnisse in keiner Weise mehr gerecht wird, weil sie evident einseitig ist und für den belasteten Ehegatten bei verständiger Würdigung des Wesens der Ehe unzumutbar erscheint. Das ist umso eher der Fall, je mehr der Ehevertrag in den Kernbereich des Scheidungsfolgenrechts eingreift.

Insoweit ist eine Abstufung vorzunehmen. Zum Kernbereich gehören in erster Linie der Unterhalt wegen Kindesbetreuung und in zweiter Linie der Alters- und Krankheitsunterhalt, denen der Vorrang vor den übrigen Unterhaltstatbeständen (z. B. Ausbildungs- und Aufstockungsunterhalt) zukommt. Der Versorgungsausgleich steht als vorweggenommener Altersunterhalt auf gleicher Stufe wie dieser selbst und ist daher nicht uneingeschränkt abdingbar. Der Ausschluss des Zugewinnausgleichs schließlich unterliegt – für sich allein genommen – angesichts der Wahlfreiheit des Güterstandes keiner Beschränkung." – BGH-Urteil vom 11.02.2004, XII ZR 265/02

Der entscheidende Passus zur Kernbereichslehre lautet somit: Der Schutzzweck der gesetzlichen Regelungen zum Familienrecht darf nicht unterlaufen werden. Es muss also eine Abwägung vorgenommen werden. Eine unzumutbare Lastenverteilung wird angenommen, wenn in einen Kernbereich des Scheidungsfolgerechts eingegriffen wird.

Abstufung der Scheidungsfolgen

Zur Einordnung des jeweiligen Ehevertrags nimmt das Gericht eine Abstufung der Scheidungsfolgen nach Wichtigkeit beziehungsweise nach Abdingbarkeit vor.

Auf der ersten Stufe steht der Betreuungsunterhalt, also der nacheheliche Unterhalt. Er muss bezahlt werden, wenn wegen der Betreuung gemeinsamer Kinder eine Erwerbstätigkeit nicht oder nur teilweise möglich ist. Dieser Unterhaltsanspruch ist grundsätzlich unverzichtbar.

Auf die zweite Stufe wurde der Unterhalt wegen Krankheit oder wegen Alters gesetzt. Auf der dritten Stufe findet sich der Versorgungsausgleich und auf der vierten Stufe der Unterhalt wegen Erwerbslosigkeit. Die nächste Stufe wurde weiteren Unterhaltstatbeständen zugeteilt wie Ausbildungs- und Aufstockungsunterhalt. Auf letzter Stufe und damit grundsätzlich immer möglich befindet sich die Wahl des Güterstands.

Greifen die Regelungen Ihres Ehevertrags in eine dieser Stufen ein, ohne dass eine Kompensation vereinbart wurde, kann eine Sittenwidrigkeit vorliegen. Zur Beurteilung, ob eine solche evident einseitige Lastenverteilung vorliegt, wird zunächst eine Einordnung in die genannten Stufen vorgenommen. Dabei wird geprüft, inwiefern die Regelungen in den Kernbereich eingreifen, und daraufhin gegebenenfalls kontrolliert, ob eine ausreichende Kompensation vorliegt. Ist das nicht der Fall, kann der gesamte Ehevertrag sittenwidrig und damit unwirksam sein.

Wird eine Zwangslage ausgenutzt, ist im Übrigen ebenfalls von Sittenwidrigkeit auszugehen. Der Klassiker ist in diesem Zusammenhang der Ehevertrag, in dem eine schwangere Ehefrau vollständig auf nachehelichen Unterhalt verzichtet.

Möglich ist auch, dass die von Ihnen im Ehevertrag getroffenen Regelungen zum Zeitpunkt, als Sie den Ehevertrag abgeschlossen haben, wirksam waren. Dennoch können sie aber zum Zeitpunkt der Beurteilung der Wirksamkeits- und Ausübungskontrolle nicht mehr den Vorgaben entsprechen. Dies ist zum Beispiel der Fall, wenn Sie bei Abschluss des Ehevertrags davon ausgingen, dass Sie in der Ehe kinderlos bleiben und weiterhin beide erwerbstätig sein werden, tatsächlich aber später doch Kinder geboren wurden. Dann ist im Rahmen der Ausübungskontrolle festzustellen, dass der Ehevertrag, mit dem Sie beispielsweise auf den Versorgungsausgleich verzichtet haben, unwirksam ist.

Oben genanntes Urteil legte außerdem fest, dass eine Wirksamkeitskontrolle und eine Ausübungskontrolle stattfinden müssen. Wenn Sie einen Ehevertrag abschließen, sind Sie grundsätzlich frei in den vereinbarten Regelungen. Allerdings lassen sich diese nicht ohne Betrachtung Ihres speziellen Einzelfalls treffen. Die Notarin, die mit Ihnen den Ehevertrag abschließt, muss Sie zwingend hinsichtlich möglicher Grenzen des Ehevertrags beraten.

Kein Totalverzicht ohne Kompensation

Ein Totalverzicht, also ein Verzicht auf alle gesetzlichen Scheidungsfolgen – etwa auf Versorgungsausgleich bei Scheidung, auf gegenseitigen Unterhalt, auf Zugewinnausgleich – ist aus genannten Gründen deshalb ohne Kompensation nur in sehr engen Grenzen möglich. In Fällen der Doppelverdiener-Ehe mit gleichem Einkommen, gleichen Vermögensverhältnissen und ohne Kinder kann ein solcher Vertrag mit umfänglichen Verzichtsvereinbarungen zwar geschlossen werden. Wenn aber etwa ungeplant doch Kinder aus der Ehe hervorgehen, ist dieser Ehevertrag im Rahmen der zu erfolgenden Ausübungskontrolle unwirksam.

Um zu verhindern, dass ein zunächst gemäß Rechtsprechung wirksamer Ehevertrag durch spätere Rechtsprechung unwirksam wird, und auch, um die Wirksamkeit des Vertrags beurteilen zu können, empfiehlt sich die Aufnahme einer Präambel. Diese hält fest, wie sich Ihrer beider Situation bei Abschluss des Ehevertrags darstellte. Es wird Ihre berufliche und wirtschaftliche Situation zu diesem Zeitpunkt beschrieben.

Im Rahmen der grundsätzlich bestehenden Vertragsfreiheit können Sie in den oben genannten Grenzen die Scheidungsfolgen abändern. Nicht abändern können Sie jedoch durch Ihren Ehevertrag die Scheidungsvoraussetzungen, denn diese sind gesetzlich festgeschrieben. Sie können also zum Beispiel nicht als Voraussetzung für die Einreichung des Scheidungsantrags in Ihrem Ehevertrag bestimmen, dass Sie zuvor zwingend drei Jahre getrennt gelebt haben müssen.

Ehe ohne Trauschein

Trennen sich nicht verheiratete Paare, kann es Unstimmigkeiten über künftige Rechte und Pflichten geben. Abhilfe schafft ein Partnerschaftsvertrag, in dem sich im Vorhinein vieles regeln lässt.

Die nicht eheliche Lebensgemeinschaft ist aus unserer Gesellschaft nicht mehr wegzudenken. Im Jahr 2019 lebten in Deutschland 35,1 Millionen Personen als Eheleute zusammen. Weitere 6,5 Millionen lebten unverheiratet in einem gemeinsamen Haushalt. In der Regel heiraten diese Paare bewusst nicht, da sie die für die Ehe geltenden Regeln nicht übernehmen möchten. Die Lebenspartner befinden sich dabei wirtschaftlich oft auf gleichem oder ähnlichem Niveau und streben beiderseits keine Verpflichtungen an, wie gegenseitigen Unterhalt oder Bildung eines gemeinsamen Vermögens.

Umgang mit Immobilienbesitz

Tatsächlich kommt es in der Beratungspraxis dennoch erstaunlich oft vor, dass es um die Auflösung einer nicht ehelichen Lebensgemeinschaft geht. Viele Paare haben gemeinsam eine Immobilie erworben, die nun auseinandergesetzt werden muss. Dieses Problemfeld soll daher ebenfalls kurz umrissen werden. Wir gehen dabei von folgender Situation aus: Frau Maier und Herr Müller sind seit drei Jahren ein Paar. Aus ihrer Beziehung ist die zweijährige Lilly hervorgegangen. Kurz vor der Geburt der Tochter entschloss sich das Paar, ein Haus zu kaufen. Beide wurden Miteigentümer der Immobilie, die Darlehensverträge unterschrieben sie ebenfalls gemeinsam. Frau Maier ist seit der Geburt von Lilly zu Hause, arbeitet im Haushalt, hat aber kein eigenes Einkommen. Herr Müller geht weiter in Vollzeit arbeiten. Die Kreditraten für das Haus zahlt er seit der Geburt des Kindes allein. Nun trennt sich das Paar.

In diesem Fall hat Frau Maier als nicht verheiratete Mutter Unterhaltsansprüche, die vergleichbar mit denen einer verheirateten Mutter sind. So erhält sie ebenfalls Unterhalt wegen Kindesbetreuung nach Paragraf 1615l BGB. Dieser bemisst sich nach dem Einkommen, das sie vor der Geburt des Kindes zur Verfügung hatte. Daneben hat ihre Tochter die auch sonst bestehenden Kindesunterhaltsansprüche. Nicht eheliche Kinder sind also den ehelichen Kindern im Unterhaltsrecht gleichgestellt. Problematisch ist hingegen die Frage der Nutzung der gemeinsamen Immobilie.

Es gibt keine Regelung im Gesetz, die vorsieht, dass die nicht eheliche Wohnung einem Partner zugewiesen wird. Die Partner müssen sich also immer selbstständig einigen, wer in der Immobilie bleibt und wer auszieht.

Die in der Beziehung gemeinsam angeschafften Möbel, die Küche, die genutzten Autos unterliegen gleichfalls keinen gesetzlichen Auseinandersetzungsregeln, wie sie in der Ehe nach Trennung vorgegeben sind.

Vorteile eines Partnerschaftsvertrags

Es empfiehlt sich daher, bei einer auf längere Dauer angelegten Lebensgemeinschaft einen Partnerschaftsvertrag zu schließen. In diesem können Sie Regelungen finden für Fragen wie Zahlung von Unterhalt, Nutzung der ehelichen Wohnung bei Trennung, Aufteilung gemeinsam angeschaffter Möbel und PKWs sowie selbstverständlich auch zur Frage, wie mit der gemeinsam erworbenen Immobilie umzugehen ist. Soll sie auf dem freien Markt verkauft und der Erlös geteilt werden oder möchte einer der Partner bei einer Trennung die Immobilie allein übernehmen und den anderen auszahlen? In einem solchen Vertrag lässt sich ferner regeln, welcher Partner als Erster ausziehen soll, wie lange er noch in der Immobilie bleiben kann und welcher Unterhalt wie lange gezahlt wird.

Wenn Sie zur Miete wohnen, können Sie zudem vereinbaren, wer bei einer Trennung den Mietvertrag übernimmt und wie die geleistete Kaution aufgeteilt wird.

04

Wann ist ein Ehevertrag besonders anzuraten?

Sinnvolle Anpassung gesetzlicher Regeln

Es gibt verschiedene Konstellationen, in denen der Abschluss eines notariellen Ehevertrags besonders anzuraten ist. Denn die gesetzlich vorgesehenen Regelungen sind in diesen Fällen eben gerade nicht die passenden.

Als die familienrechtlichen Vorschriften für das Bürgerliche Gesetzbuch entworfen wurden, herrschte das Modell der „Einverdiener-Hausfrauen-Ehe" vor. Die Gesellschaft entwickelte jedoch weiter. Der Lebensstil der Menschen veränderte sich grundlegend . Die Ehe ist sicherlich kein Auslaufmodell, jedoch stimmt die Form des Zusammenlebens in der Ehe oftmals nicht mehr mit den Vorstellungen des Gesetzgebers überein. Neue Lebensentwürfe erfordern immer häufiger eine Korrektur gesetzlicher Regelungen, die teils schlicht in einer anderen Zeit entstanden sind.

Wir haben Patchworkfamilien, also Ehen, in denen sich Partner zusammenschließen, die aus vorherigen Beziehungen und Ehen Kinder mitbringen und in denen weitere gemeinsame Kinder geboren werden. Es gibt inzwischen die gleichgeschlechtlichen Ehen, die in den Rechtsfolgen denjenigen Ehen zwischen unterschiedlichen Geschlechtern gleichgestellt sind. Es gibt die Ehen, in denen beide Eheleute verdienen und keine Kinder haben oder die gemeinsamen Kinder zu gleichen Teilen betreuen. Es gibt Ehen, die erst im Rentenalter geschlossen werden, oder Ehen mit großem Altersunterschied. Darüber hinaus bestehen immer mehr Ehen, in denen Unternehmer miteinander verheiratet sind oder nur einer selbstständig ist und der andere als Arbeitnehmer tätig ist. Und schließlich sind in der multikulturellen Gesellschaft Ehen zwischen Ausländern keine Seltenheit.

Alle diese unterschiedlichen Formen des Zusammenlebens innerhalb des rechtlichen Konstrukts der Ehe werden nach dem Bürgerlichen Gesetzbuch gleichbehandelt. Das führt zu ungerechten Ergebnissen, die mit Hilfe eines Ehevertrags korrigiert werden können und müssen.

Unabhängigkeit für Doppelverdiener-Ehen

Anzuraten ist ein Ehevertrag insbesondere im Fall von Doppelverdiener-Ehen. Die Partner können dann weiterhin über ihre eigenen Einkünfte verfügen und sich dennoch für den Notfall absichern.

Unter den Bedingungen einer Doppelverdiener-Ehe kann es sinnvoll sein, in einem Ehevertrag die wirtschaftliche Unabhängigkeit der Partner auch nach einer Trennung und Scheidung festzuschreiben.

Nehmen wir also an, Sie haben beide eine Erwerbstätigkeit, mit der Sie ein etwa gleich hohes Einkommen erzielen. Dann erscheint es fair, wenn Sie beide Ihr Einkommen für sich selbst zur Verfügung haben, sowohl in der Ehe als auch nach einer Trennung. Oft haben Sie in diesem Fall zudem in der Ehe getrennte Konten und jeder lässt sein Gehalt auf sein Konto zahlen und lebt von diesem Einkommen. Gemeinsame Lebenshaltungskosten wie Einkäufe oder Urlaube werden geteilt. Durch Ihre Einkünfte sorgen Sie außerdem selbst für Ihre Altersvorsorge

Trifft dieses Ehemodell auf Sie zu, können Sie in einem Ehevertrag regeln, dass kein Versorgungsausgleich im Fall der Scheidung durchgeführt wird. Jeder behält seine in der Ehezeit erworbenen Rentenanwartschaften und es wird auf einen Ausgleich verzichtet.

Partner mit unterschiedlichen Bildungsabschlüssen

Dies ist insbesondere anzuraten, wenn einer von Ihnen beiden studiert hat und der andere direkt nach der Schule gearbeitet hat. Der Studierende hat sehr viel später begonnen, in die Rentenversicherung einzuzahlen als sein Ehepartner. Dieser hat nach dem Schulabschluss eine Ausbildung begonnen und damit sofort in die Rentenversicherung eingezahlt. Oft erzielt der studierte Ehegatte später jedoch höhere Bruttoeinkünfte und zahlt dann mehr in die Rentenversicherung ein. Da die Ehe aber oft in jungen Jahren, möglicherweise schon während des Studiums, geschlossen wurde, kann es sein, dass derjenige Ehepartner, der nicht studiert hat, Nachteile hinnehmen muss. Denn im Rahmen des bei einer

Scheidung durchzuführenden Versorgungsausgleichs müsste er von seiner Rente etwas abgeben. Das führt zu ungerechten Ergebnissen, da der Akademiker unter den Ehepartnern auf lange Sicht voraussichtlich höhere Rentenanwartschaften haben wird.

Ein Klassiker ist in diesem Zusammenhang folgender Fall: Die junge Fiona studiert nach dem Abitur BWL. Im 5. Semester heiratet sie ihren Freund Max. Dieser hat nach der Realschule eine Ausbildung zum Bankkaufmann gemacht und arbeitet nun bei einer Bank als Angestellter. Das Studium von Fiona dauert noch weitere vier Jahre. In dieser Zeit zahlt Max in seine Rentenversicherung ein, Fiona nicht. Nach dem BWL-Studium bekommt Fiona eine Stelle als Geschäftsführerin in einem mittelständischen Unternehmen. Nun zahlt auch sie in die Rentenversicherung ein. Ihr Einkommen ist etwas höher als das von Max. Zwei Jahre nach ihrem Berufseinstieg trennt sich Fiona von Max. In diesem Fall würde Fiona von Max einen höheren Anteil von seinen Rentenanwartschaften übertragen bekommen, nämlich den Anteil, den er während der Ehezeit dort eingezahlt hat. Sie wird aber aller Voraussicht nach in ihrem weiteren Berufsleben durch ihr höheres Einkommen höhere Rentenanwartschaften als Max erwerben. Die Durchführung des Versorgungsausgleichs ist hier ungerecht und sollte daher im Ehevertrag ausgeschlossen werden.

Wird der Versorgungsausgleich nicht durchgeführt, sparen die Ehepartner im Übrigen auch die sonst anfallenden Teilungskosten. Sie betragen je Anrecht durchschnittlich 200 Euro und werden von den Rentenversicherungen als Bearbeitungsgebühr in Rechnung gestellt.

Doppelverdiener-Ehe ohne Kinder

Leben Sie in einer Doppelverdiener-Ehe nach oben beschriebenem Modell und haben keine Kinder, ist es sinnvoll, für den Fall der Trennung und Scheidung auch den Anspruch auf nachehelichen Unterhalt im Ehevertrag auszuschließen.

Sind solche Regelungen von beiden Partnern einer Doppelverdiener-Ehe ohne Kinder erwünscht, so führen sie also zu folgendem Ergebnis: Nach der Scheidung sind die Eheleute finanziell so gestellt wie vor der Ehe. Einkommensdifferenzen, die darauf beruhen, dass der eine Ehepartner eine höhere Berufsstellung erlangt hat oder auf der Karriereleiter höher geklettert ist als der andere, werden nicht ausgeglichen. Die gesetzlichen Regelungen bezüglich des nachehelichen Unterhalts greifen nicht und der weniger verdienende Ehepartner kann nach der Scheidung nicht doch plötzlich Unterhalt verlangen.

Darüber hinaus kommen weitere Übereinkommen für Doppelverdiener-Ehen in Frage. Sinnvoll kann so der Ausschluss oder die Modifizierung des Zugewinnausgleichs und die Vereinbarung der Gütertrennung für den Fall der Scheidung sein. Denn jeder der Ehepartner kann mit seinem Einkommen sein eigenes Vermögen aufbauen. Mit dem gegenseitigem Verzicht auf den Zugewinnausgleich bei einer Scheidung verbleibt dieses in der Ehe aufgebaute Vermögen dann auch jeweils beim entsprechenden Ehepartner. Sollte die Ehe aber durch Versterben eines Ehepartners enden, greifen die Regeln der Zugewinngemeinschaft.

Doppelverdiener-Ehe mit Kindern

Gehen Kinder aus einer Doppelverdiener-Ehe hervor, so ist allerdings zu differenzieren, welches Ehemodell das Paar lebt. Sind beide Ehegatten trotz des Nachwuchses weiterhin voll erwerbstätig und teilen sich die Kinderbetreuung, gilt oben Beschriebenes: Es sollte dann über einen Ausschluss des Versorgungsausgleichs und des nachehelichen Unterhalts nachgedacht werden.

Anders stellt sich die Situation dar, wenn ein Ehepartner die Kinderbetreuung übernimmt und aus diesem Grund nur noch in Teilzeit arbeitet oder die Erwerbstätigkeit zugunsten der Kinderbetreuung ganz aufgibt. In der Folge zahlt er weniger oder gar nicht in die Rentenversicherung ein und hat dadurch später Nachteile bei der Rente. Solche Konsequenzen lassen sich vermeiden, indem man im Ehevertrag eine Regelung aufnimmt, dass unter diesen Bedingungen ein Versorgungsausgleich durchzuführen ist. Überlegenswert ist dabei, ob der Versorgungsausgleich nur für die Zeit der Kinderbetreuung stattfinden soll.

In einer solchen Konstellation ist außerdem der Verzicht auf den nachehelichen Unterhalt im Ehevertrag zu modifizieren. Es sollte vereinbart werden, dass demjenigen Partner, der wegen des Nachwuchses seine Erwerbstätigkeit einstellt oder mindert, nachehelicher Unterhalt wegen Kinderbetreuung zu zahlen ist. Sinnvoll ist dabei die Ergänzung, dass dieser Betreuungsunterhalt gezahlt wird, bis das jüngste gemeinsame Kind die 5. Klasse der weiterführenden Schule beendet hat.

Sofern aus der Ehe mit Doppelverdienern Kinder hervorgehen, kann zudem eine Regelung für den Zugewinnausgleich vorteilhaft sein. So ließe sich festlegen, dass ein Zugewinnausgleich erst nach der Geburt des ersten Kindes erfolgen soll. Denn dies ist oftmals der Zeitpunkt, an dem sich die einstigen Doppelverdiener in verschiedene Rollen begeben: Ein Partner verdient weiterhin gut, der andere ist wegen der Kinderbetreuung oft nur noch in Teilzeit oder gar nicht mehr erwerbstätig. Somit kann er auch kein Vermögen mehr aufbauen. Ein Ehevertrag könnte dann festlegen, dass ein Zugewinnausgleich nur erfolgen soll, wenn aus der Ehe Kinder hervorgehen. Zudem kann der Stichtag zur Berechnung eines Zugewinnausgleichs bezüglich des Anfangsvermögens auf den Zeitpunkt der Geburt des ersten Kindes gelegt werden. Dadurch wird nur die Differenz der Zugewinne erfasst, die ab den geänderten Einkommensverhältnissen eingetreten ist.

Eine Formulierung könnte im Vertrag wie folgt aussehen:

„Wir schließen für den Fall der Scheidung den Zugewinnausgleich aus. Dieser Ausschluss ist auflösend bedingt für den Fall, dass aus unserer Ehe Kinder hervorgehen und einer von uns aufgrund der Kinderbetreuung seine Erwerbstätigkeit ganz oder teilweise aufgibt. Die Bedingung tritt ein ab dem Geburtsdatum des ersten Kindes. Dieses Datum gilt gleichzeitig als Datum zur Berechnung des Anfangsvermögens."

Regeln für Ehepartner mit Vermögen

Von Belang für den Ehevertrag kann es auch sein, wenn ein Ehepartner in einer Doppelverdiener-Ehe vermögend ist. Ein Ausschluss des Zugewinnausgleichs könnte dann in Frage kommen. Zwar wird über die Berechnung des Anfangsvermögens bereits das hohe Vermögen des einen Ehepartners zu Beginn der Ehe festgestellt. Der Wertzuwachs, den dieses Vermögen in der Ehezeit erfahren hat, fällt ohne Ehevertrag aber in den Zugewinn und müsste ausgeglichen werden. So kann man sich vorstellen, dass ein Wertpapierdepot zu Beginn der Ehe niedriger bewertet ist als zum Ende der Ehe – durch geschicktes Anlegen könnten Wertpapiere hohe Dividenden erwirtschaftet haben. Ein weiteres Beispiel ist ein Grundstück, das zu Beginn der Ehe im Eigentum eines der Ehepartner steht und dadurch, dass es im Laufe der Ehe zum Bauland wird, eine erhebliche Wertsteigerung erfährt. Auch dieser Wertzuwachs wäre im Fall des gesetzlichen Zugewinnausgleichs zu berücksichtigen.

Durch den Ausschluss des Zugewinns im Ehevertrag verbleibt der jeweilige Wertzuwachs beim Eigentümer. Diese Regelung können Sie auch nur für den Fall der Scheidung treffen.

Wichtig im Fall der Doppelverdiener-Ehe: Bleiben Sie konsequent bei der Anlage von Vermögenswerten und vermischen Sie diese nicht miteinander! Sehen Sie also davon ab, dass etwa nur der Ehemann ein Sparkonto auf seinen Namen anlegt und auf dieses Konto aber Sparbeiträge von der Ehefrau eingehen. Vermeiden Sie ebenso, dass das zum Beispiel auf den Namen des Ehemanns angelegte Aktiendepot von beiden Eheleuten bespart wird. Denn bei Beendigung der Ehe wird kein Vermögensausgleich in der Form erfolgen, dass die Konten geteilt werden. Rechtlich ist in unseren Beispielen allein der Ehemann Inhaber dieser Konten. Hat das Ehepaar dann den Zugewinnausgleich ausgeschlossen, würde die Ehefrau ihre angesparten Vermögensbeträge vollständig verlieren. In diesem Fall empfiehlt es sich also unbedingt, eigene Sparverträge auf den eigenen Namen anzulegen.

Gleiches gilt im Übrigen auch für in der Ehezeit angeschaffte PKWs. Es ist immer wieder erstaunlich, dass in Ehen Autos auf den Namen eines der Ehepartner angeschafft werden, die Zulassung auf den Namen dieses Partners erfolgt und er auch die Finanzierung übernimmt. Oft sind beide PKWs, die in der Ehezeit angeschafft wurden, auf einen Namen angemeldet, was bei einer Trennung der Eheleute zu Problemen führt. So hängt an der Anmeldung zum Beispiel die Frage, wer die Versicherung zahlt und dort Vertragspartner ist und auch, wer die KfZ-Steuer zahlen muss. Die Autos sollten so zugeordnet werden, dass jeder der Eheleute eines auf sich zulässt, dieses auch selbst nutzt, finanziert und die laufenden Betriebskosten zahlt.

Modifikationen für Patchworkfamilien

Das Gesetz sieht keine gesonderten Regeln für die Konstellationen einer Patchworkfamilie vor. In einem Ehevertrag lassen sich für Eltern und Kinder gleichermaßen passende Regeln vereinbaren.

Die Ehe- und Partnerschaftsmodelle sind vielfältig. Derzeit leben etwa 15 Prozent der minderjährigen Kinder in einer Patchworkfamilie. Diese ist heute also kein Ausnahmefall mehr wie noch zu Zeiten, als das Familienrecht gesetzlich verankert wurde.

Viele Regeln des Bürgerlichen Gesetzbuchs zur Trennung und Scheidung passen gerade für die Patchworkfamilie nicht. Wichtig zu wissen ist, dass durch die Heirat der Eltern kein Verwandtschaftsverhältnis zwischen Stiefeltern und Stiefkindern entsteht. Somit gibt es auch keine Rechtsbeziehungen zwischen ihnen.

Eheleute, die Kinder aus anderen Beziehungen in die neue Ehe mitbringen, sollten sich vor der Eheschließung insbesondere zur Frage des Erbrechts, aber auch zu der des nachehelichen Unterhalts und des Sorgerechts Gedanken machen.

Nachehelicher Unterhalt und Erbrecht

Nehmen wir an, der Ehemann bringt in die neue Ehe einen zwölfjährigen Sohn aus einer vorherigen Beziehung mit. Dieser Sohn lebt bei ihm. Die Ehefrau hat zwei Töchter im Alter von fünf und sieben Jahren, auch diese Kinder leben in der neuen Ehe. Die Ehefrau kümmert sich hauptsächlich um die Betreuung aller drei Kinder. Sie macht mit ihnen Schularbeiten, unterstützt sie bei den Hobbys, kümmert sich um den Haushalt und vieles mehr. Aus diesem Grund arbeitet sie nur in Teilzeit, der Ehemann hingegen in Vollzeit.

Bei einer Scheidung in dieser Konstellation wäre zu überlegen, ob der Ehefrau ein nachehelicher Unterhaltsanspruch wegen Kinderbetreuung zusteht. Allerdings könnte es schwierig sein, dies gerichtlich durchzusetzen. Denn es sind keine gemeinsamen Kinder vorhanden und der Sohn des unterhaltspflichtigen Ehemanns ist schon zwölf Jahre alt, bedarf also nicht mehr der umfassenden Kinderbetreuung. Faktisch hat die Ehefrau aber natürlich alle drei Kinder gleich betreut und daher weniger gearbeitet. Um hier für sie Nachteile zu vermeiden, sollte in einem Ehevertrag ein nachehelicher Unterhaltsanspruch befristet vereinbart werden. So ist sie jedenfalls für eine Übergangszeit abgesichert.

Noch wichtiger ist die Frage der erbrechtlichen Regelung in Patchworkfamilien. Gesetzlich ist festgelegt, dass die leiblichen Kinder neben dem Ehepartner erben. Im oben beschriebenen Beispiel erben also bei Tod des Ehemanns die Ehefrau und der Sohn des Ehemanns. Die leiblichen Kinder der Ehefrau erben in diesem Fall nicht. Wenn das so gewünscht ist, muss hier keine andere Regelung getroffen werden. Wenn aber alle drei Kinder beim Tod eines der Ehepartner gleichberechtigt erben sollen, muss dies in einem Testament stehen oder in einem Erbvertrag, der Teil des Ehevertrags sein kann.

Von Bedeutung ist in diesem Zusammenhang zudem, dass beim Tod eines Ehepartners nicht der andere derzeitige Ehepartner das Sorgerecht für die Kinder des Verstorbenen erhält, sondern der Ex-Partner. Damit erhält der Ex-Partner auch Zugriff auf das Vermögen der Kinder.

Generell sollten Sie überlegen, wie mit dem Vermögen, das die Ehepartner in die Patchwork-Ehe eingebracht haben, umgegangen wird. Wenn Sie aus der vorherigen Ehe eine Immobilie als Alleineigentum erworben haben und diese nun in die neue Ehe einbringen, so fällt die Immobilie selbst zwar nicht unter die Regelung des Zugewinnausgleichs. Denn die Immobilie zählte sowohl schon zu Beginn der Ehe als auch am Ende der Ehe zu Ihrem Vermögen. Wertzuwächse, die die Immobilie in der Ehe erfahren hat, beispielsweise durch Renovierung oder Modernisierung, müssen nach den gesetzlichen Regelungen des Zugewinns jedoch ausgeglichen werden. Das ist aber meist nicht gewünscht. Deshalb kann die Immobilie in einem solchen Fall mit allen Wertzuwächsen vom Zugewinnausgleich ausgenommen werden.

Sorgerecht für Stiefkinder

Ein weiterer zu klärender Punkt betrifft das Sorgerecht für die mit in die Ehe eingebrachten Stiefkinder. Für sie haben Sie als Stiefelternteil kein Sorgerecht. Die leiblichen Eltern sind weiterhin gemeinsam für die Kinder sorgeberechtigt. Das bedeutet, dass Sie zum Beispiel für das Stiefkind keinen Ausweis beantragen, kein Bankkonto einrichten und keine Schulanmeldung vornehmen können. Nur wenn der andere Elternteil des Stiefkinds Ihnen eine Vollmacht zur Regelung dieser sorgerechtlichen Angelegenheiten erteilt, sind Sie handlungsfähig.

Ist Ihr neuer Ehepartner aber allein sorgeberechtigt für das Stiefkind, kann er Ihnen das „kleine Sorgerecht" übertragen. Sie können dann in Angelegenheiten des täglichen Lebens für das Stiefkind tätig werden. Auch als Inhaber des kleinen Sorgerechts können Sie ohne Vollmacht aber weiterhin keine Entscheidungen treffen, die bedeutend sind – etwa, was die Schulwahl angeht oder das Beantragen eines Passes. Sie können mit Vollmacht oder mit Übertragung des kleinen Sorgerechts aber Entschuldigungen für die Schule schreiben oder das Kind zum Arzt begleiten.

In einem Ehevertrag können Sie Fragen des Sorgerechts der Stiefkinder also nur regeln, wenn Sie alleinsorgeberechtigt sind und Ihrem Ehegatten das kleine Sorgerecht übertragen wollen. Eine Vollmacht des anderen Elternteils können und sollten Sie nicht in diesem Ehevertrag regeln. Diese kann außerhalb des Ehevertrags erteilt werden.

Sollten Sie sich von Ihrem neuen Ehepartner nach einigen Jahren trennen, kann es gut sein, dass Sie durch das Zusammenleben eine inni-

Rollenverteilung

Die Rollenverteilung in Deutschland weist immer noch traditionelle Muster auf, auch wenn diese sich abschwächen. Die Kinderbetreuung und der Haushalt bleiben weiterhin größtenteils der Ehefrau überlassen. Folgende Statistiken zur Erwerbstätigenquote zeigen dies.

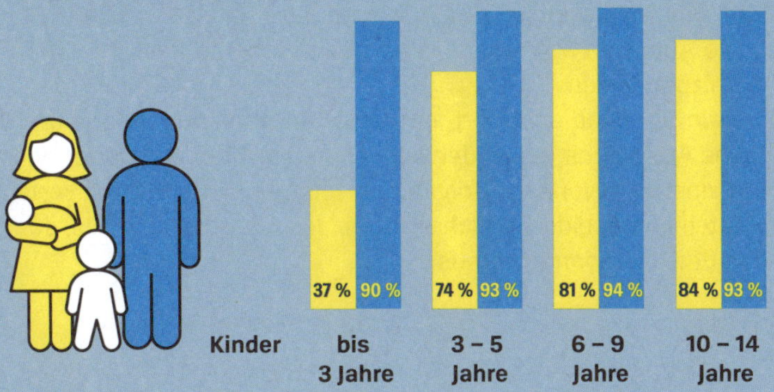

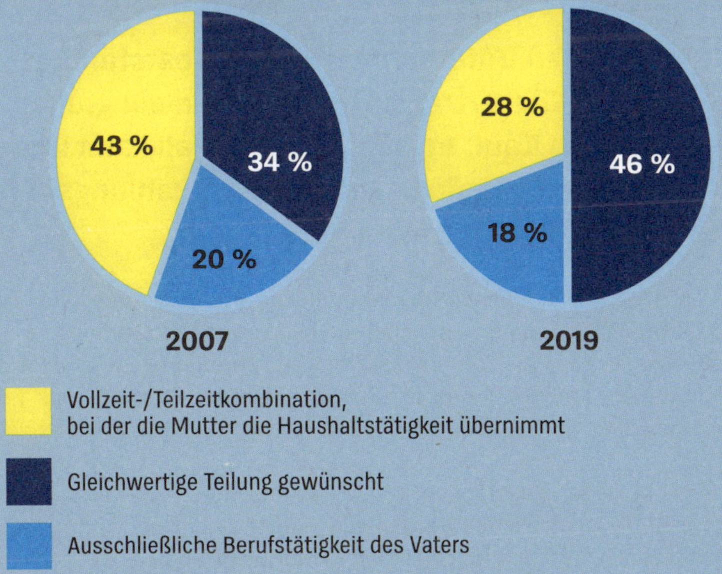

ge Beziehung mit den Stiefkindern aufgebaut haben. Vorausschauend könnten Sie im Ehevertrag regeln, dass Sie im Fall der Trennung mit den Stiefkindern regelmäßig Umgangskontakte haben dürfen.

Wenn das Verhältnis zwischen den Stiefeltern und den Stiefkindern sehr gut ist, besteht außerdem die Möglichkeit der Adoption. Das adoptierte Stiefkind ist einem leiblichen Kind damit vollkommen gleichgestellt und ist dann verwandt mit den Verwandten des adoptierenden Elternteils. Die Verwandtschaftsbeziehung zum leiblichen Elternteil wird durch die Adoption aufgelöst. Daher müssen beide leibliche Eltern der Adoption zustimmen.

Wird ein Stiefkind adoptiert, entfallen Unterhaltsansprüche und erbrechtliche Ansprüche gegen den leiblichen Elternteil. Die Adoption kann nicht in einem Ehevertrag erfolgen. Sie setzt ein gerichtliches Verfahren unter Beteiligung beider leiblicher Eltern, des Adoptivelternteils, des Kindes und des Jugendamts voraus.

Unternehmer und Selbstständige

Schließen Unternehmer oder Selbstständige keinen Ehevertrag ab, nehmen sie ein großes Risiko in Kauf: Im schlimmsten Fall kann ihre Firma in Schieflage geraten oder zahlungsunfähig werden.

Der Verzicht auf einen Ehevertrag ist in dieser Situation tatsächlich fast schon fahrlässig, da die gesetzlichen Regelungen der Zugewinngemeinschaft eine Firma in die Zahlungsunfähigkeit führen oder zumindest die Liquidität des Unternehmens langfristig gefährden können. Das hört sich dramatisch an, ist aber tatsächlich ein nicht zu unterschätzendes Risiko.

Die gesetzlichen Regelungen des Zugewinns sehen vor, dass alle Vermögenswerte ausgeglichen werden, die in der Ehe hinzugewonnen wurden. In dieses Vermögen fällt auch ein Firmenwert. Schwierigkeiten können sich dadurch ergeben, dass der Zugewinnausgleich, wenn er nach dem Gesetz eingefordert wird, in einer Summe sofort nach rechtskräftiger Scheidung zu zahlen ist. Stundungen, Ratenzahlungen oder Abschlagszahlungen können nur über Verhandlungen mit dem Ehepartner erreicht werden.

Problematische Konsequenzen des Zugewinns

Ein Beispiel soll die möglichen Auswirkungen für Firmeninhaber verdeutlichen: Ehemann M hat ein gut gehendes Sanitärunternehmen. Zu Beginn der Ehe hat er zusammen mit einem Gesellen selbst dort gearbeitet. Nach 20 Jahren Ehe ist das Unternehmen gewachsen. Inzwischen hat M 20 Angestellte und seinen Umsatz mehr als verzehnfacht. Ehefrau F hat im Unternehmen mitgearbeitet und die Buchführung erledigt. Nun trennt sich das Ehepaar. F macht einen Zugewinnausgleich geltend. Sie selbst hat kein Vermögen aufgebaut. M hat seine Gewinne in die Firma reinvestiert.

Bei der Bewertung des Vermögens von M wird nun der Firmenwert ermittelt, und zwar zu Beginn der Ehe, als er noch allein mit einem Gesellen gearbeitet hat, und zum Ende der Ehe, als die Firma zu einem mittelständischen Unternehmen herangewachsen ist. Schon die Bewertung der Firma selbst ist schwierig. Wie in solchen Fällen häufig praktiziert, beauftragt der Ehemann die Steuerberaterin der Firma mit der Bewertung. Diese versucht selbstverständlich, die Firma im Sinne ihres Mandanten niedrig zu bewerten. Die Ehefrau hingegen engagiert hierfür einen externen Sachverständigen. Bei diesem Vorgehen werden sich voraussichtlich hohe Differenzen in der Bewertung ergeben.

Schon die Begutachtungen durch Sachverständige und Steuerberater kosten sehr viel. Wenn die Eheleute sich nicht auf einen Firmenwert einigen können, sondern das gerichtlich klären lassen, kommen weitere hohe Gebühren für gerichtlich bestellte Sachverständige, Gerichte und Anwälte hinzu.

Wenn der Firmenwertzuwachs in der Ehe schließlich mit angenommenen 500 000 Euro beziffert wird, muss im Rahmen des gesetzlichen Zugewinnausgleichs der hälftige Betrag, also 250 000 Euro, an die Ehefrau gezahlt werden. Andere Vermögenspositionen wie Immobilien, Lebensversicherungen oder Bankkonten wurden dabei außen vor gelassen. Wie erwähnt, muss dieses Geld in einer Summe und sofort nach rechtskräftiger Scheidung der Ehefrau zugehen. Diesen Betrag kann M aus seinem sonstigen Vermögen vermutlich nicht aufbringen. Ob er diesen überhaupt finanzieren kann oder aus dem Betrieb leisten kann, ist ungewiss und kann zu Zahlungsschwierigkeiten im Betrieb führen. Diese Probleme gibt es sowohl bei Unternehmern als auch bei sonstigen Selbstständigen wie Ärzten, Rechtsanwälten oder Steuerberatern, deren Praxis in einem solchen Fall bewertet werden muss.

Lösungsmöglichkeiten im Ehevertrag

In einem Ehevertrag gibt es zu solchen Konstellationen verschiedene Regelungsmöglichkeiten. Wenn der andere Ehegatte erheblich am Aufbau des Unternehmens beteiligt war, erscheint es wenig fair, den Betrieb ohne Ausgleich vollkommen aus dem Zugewinnausgleich herauszunehmen. Denkbar sind in diesem Zusammenhang Regelungen, wonach der Ausgleich in anderer Form als durch einen Geldbetrag erfolgt, zum Beispiel durch Übertragung einer Kapitallebensversicherung, durch Vereinbarung einer Ratenzahlung oder Übertragung einer Immobilie. Wenn der Ehepartner mit dem Unternehmen und seinem Erfolg jedoch überhaupt nichts zu tun hatte, ist es sinnvoll, die Firma oder die Praxis aus dem Zugewinnausgleich herauszunehmen.

Dann allerdings müssen ebenfalls Vorkehrungen getroffen werden, die verhindern, dass der Firmeninhaber privates Vermögen in die Firma überführt und damit dem Zugewinnausgleich entzieht. Es muss also eine klare Trennung zwischen Privat- und Betriebsvermögen erfolgen.

Denkbar ist es auch, vorab festzuschreiben, wie und von wem die Firma oder Praxis bewertet wird. Eine Firma kann nach unterschiedlichen Methoden bewertet werden. Folgende Möglichkeiten gibt es:

Substanzwertmethode: Hierbei wird ermittelt, welchen Wert das Anlage- und Umlaufvermögen der Firma hat. Weiche Faktoren wie Marketing, Kundenstamm, Marktstellung und Kreditwürdigkeit spielen keine Rolle.

Ertragswertmethode: Bei dieser Methode wird der zukünftige Ertrag beziehungsweise Gewinn des Unternehmens prognostiziert.

Liquiditätsverfahren: Der Liquiditätswert errechnet sich anhand des Preises, den ein potenzieller Käufer für die einzelnen Wirtschaftsgüter bereit wäre zu zahlen, ohne das Unternehmen weiterzuführen. Dies ist die absolute Wertuntergrenze eines Unternehmens.

Für Praxen von Freiberuflern hat der Bundesgerichtshof die modifizierte Ertragswertmethode entwickelt. Da es für den Erfolg eines solchen Unternehmens in der Regel auf die einzelne Person des Freiberuflers ankommt, kann hier nicht allein anhand des zukünftigen Ertrags bewertet werden. Die Bewertung geschieht deshalb anhand des Ertrags, der auch ohne den jetzigen Freiberufler anfallen wird. Ermittelt wird also die Ertragskraft, die auf einen Dritten übertragbar ist.

Regelungen bei Firmenbeteiligung

Schwierig wird es ohne Ehevertrag zudem, wenn Sie am Unternehmen Ihres Ehepartners beteiligt sind. Um das Konfliktpotenzial zu mindern, sollten vorab in einem Ehevertrag Regelungen für den Fall der Trennung getroffen werden. Anderenfalls besteht das Risiko, dass bei der Trennung durch Ihre Beteiligung an der Firma wichtige betriebliche Entscheidungen behindert werden.

Regeln sollten Sie in jedem Fall, wie mit der Gesellschaftsbeteiligung umgegangen wird. So können Sie beispielsweise Ihrem Ehepartner ein Vorkaufsrecht für Ihre Beteiligung einräumen und festlegen, wie die Bewertung des Gesellschaftsanteils zu erfolgen hat.

Die Bewertung des Gesellschaftsanteils kann den Regeln des Gesellschaftsvertrags folgen. Sofern eine solche Regelung nicht existiert, kann im Ehevertrag vereinbart werden, dass zur Frage der Bewertung des Gesellschaftsanteils ein Sachverständiger der Industrie- und Handelskammer herangezogen wird.

Außerdem können Sie vertraglich übereinkommen, dass der Gesellschaftsanteil des einen Ehepartners nur mit Zustimmung des anderen Ehepartners veräußert werden kann. Sonst laufen Sie Gefahr, dass durch den Verkauf der Beteiligung unbeteiligte Dritte – im schlimmsten Fall der neue Lebensgefährte – Teil Ihrer Gesellschaft werden.

Wenn Ihr Ehepartner Gesellschafter in einem Unternehmen ist, verlangt der Gesellschaftsvertrag nahezu in allen Fällen, dass bei einer Heirat ein Ehevertrag abgeschlossen und eine modifizierte Zugewinngemeinschaft oder Gütertrennung vereinbart wird. Hintergrund ist, dass bei einer Scheidung die Gesellschaftsbeteiligung Ihres Ehepartners nicht gefährdet werden soll.

Ein Ehevertrag bietet also eine maßgeschneiderte Lösung, um das Unternehmen vor rechtlichen und finanziellen Risiken zu schützen.

Selbstständigkeit und Unterhalt

Die Unterhaltsberechnung bei Selbstständigen ist hochkomplex und daher ebenfalls vorab unbedingt zu besprechen und möglichst in einem Ehevertrag zu regeln. Zur Berechnung des für den Unterhalt heranzuziehenden Einkommens ist hier der Gewinn der letzten drei Jahre relevant. Damit sollen Schwankungen der Einkünfte berücksichtigt werden, die bei der Tätigkeit als Selbstständiger immer wieder vorkommen können.

Bei Selbstständigen, die eine Einnahmenüberschussrechnung erstellen, also keine Bilanz und keinen Jahresabschluss abgeben müssen, sind die Grenzen zwischen Privat- und Betriebsvermögen oft fließend. Die Ärztin zum Beispiel, die ihren PKW über die Praxis laufen lässt, nutzt diesen selbstverständlich auch privat. Die Darlehensraten, die sie für den PKW-Kredit zahlt, sind möglicherweise bei der Berechnung ihres Gewinns bereits berücksichtigt. Die steuerrechtlichen Gestaltungsmöglichkeiten können im Zusammenhang mit der Berechnung des Unterhalts dazu führen, dass das Einkommen im Jahr der Trennung plötzlich deutlich unter dem zu Ehezeiten erzielten liegt.

Für Firmeninhaber, die geschäftsführende Gesellschafter sind und möglicherweise nur einen weiteren Gesellschafter haben, ergibt sich folgende Option: Sie könnten ihr Gehalt als Geschäftsführer aus betriebswirtschaftlichen Gründen nach der Trennung durch Gesellschafterbeschluss herabsetzen.

Um für alle Beteiligten planbare Zahlen zu bekommen, sollten in einem Ehevertrag eine Reihe von Fragen geklärt werden: Wird nachehelicher Unterhalt geschuldet, wie lange ist er zu zahlen und wie berechnet er sich? Einigung sollte zudem darüber erzielt werden, welche Einkünfte der Berechnung zugrunde gelegt werden und wie mit Schwankungen des Gewinns umgegangen wird.

Ein weiteres Problem bei Unternehmer-Ehen besteht oft darin, dass die Ehefrau im Betrieb ihres Mannes mitgearbeitet hat – manchmal ohne Einkommen, manchmal auf Minijob-Basis oder als Angestellte.

Wenn die Eheleute sich trennen, ist es häufig nicht nur emotional schwierig, sich im Betrieb zu begegnen. Bei einer streitbelasteten Scheidung wird der Arbeitsplatz vielmehr oft zum Nebenkriegsschauplatz. Die vorher vom Ehepartner erledigte Buchführung bleibt liegen oder es folgen Krankmeldungen, wenn ein Angestelltenverhältnis vorliegt. Auch hier können Sie in einem Ehevertrag vorsorgen.

Ex-Partner als Angestellter

Grundsätzlich enden Arbeitsverträge mit Ehepartnern nicht automatisch mit der Trennung oder Scheidung, sondern es sind die üblichen gesetzlichen Kündigungsfristen zu beachten. Wenn Ihr Ehepartner schon lange im Betrieb arbeitet, kann eine Kündigungsfrist von sieben Monaten gegeben sein. In einem Ehevertrag kann diese nicht verkürzt werden. Im entsprechenden Arbeitsvertrag darf ebenfalls keine „Trennungsklausel" vereinbart werden. Der Arbeitsvertrag gilt über die Trennung hinaus.

Im Ehevertrag können Sie lediglich vereinbaren, dass bei einer Trennung das Arbeitsverhältnis einvernehmlich aufgehoben werden soll oder beide das Recht haben, den Arbeitsvertrag fristgemäß zu kündigen.

Ist der Ehepartner der Arbeitnehmer, hat er nach dem Gesetz das Recht zur Kündigung. Auf Arbeitgeberseite stellt sich die Lage etwas schwieriger dar. Zwar hat die Rechtsprechung bereits entschieden, dass es nicht gegen Treu und Glauben verstößt, wenn der Arbeitgeber in einem Kleinbetrieb das Arbeitsverhältnis zu seiner Ehefrau vor dem Hintergrund eines laufenden Scheidungsverfahrens kündigt (LAG Berlin-Brandenburg 09.05.2008 – 6 Sa 598/08). Allerdings reichen die durch die Trennung von Eheleuten auftretenden Spannungen nicht als Begründung für eine Kündigung aus. Es müssen andere Umstände hinzukommen, die zu einem eklatanten Vertrauensverlust führen.

Ex-Partner ohne Arbeitsvertrag

Ein Sonderproblem stellt in der Praxis der mitarbeitende Ehepartner ohne Anstellungsverhältnis dar. Betrachten wir hierzu oben aufgeführtes Beispiel: M hat sein Unternehmen zunächst lediglich mit einem Gesellen begonnen, seine Ehefrau F hat im Betrieb mitgearbeitet, ohne festangestellt zu sein. Bei einer Scheidung nach zwanzig Ehejahren stellt sich dann die Frage, ob diese Mitarbeit von F bewertet und vergütet werden muss.

Die Gerichte haben hierzu das Modell der „Ehegatteninnengesellschaft" entwickelt. Wenn die Ehefrau also durch ihre Tätigkeit im Büro erheblich zum Betrieb beigetragen hat und ihn damit über Jahre ebenso vorangebracht hat wie der Ehemann als eigentlicher Inhaber, dann stehen der Ehefrau über diese Ehegatteninnengesellschaft bei Trennung erhebliche Ausgleichsansprüche zu. Dies gilt zusätzlich zu einem möglichen Zugewinnausgleichsanspruch, berechnet anhand des Wertzuwachses der Firma.

Hierzu können und sollten Sie in einem Ehevertrag Regelungen treffen. So könnte beispielsweise dieser Ausgleichsanspruch durch Übertragung einer Kapitallebensversicherung, die während der Ehe angespart wird, abgefunden werden. Alternativ lässt sich im Ehevertrag eine feste Summe als Abfindung festgelegen die im Fall der Scheidung und damit bei Ausscheiden des mitarbeitenden Ehepartners gezahlt wird.

Die internationale Ehe

Bei einer Ehe mit Auslandsbezug ist es wichtig zu wissen, welches Recht im Falle einer Scheidung zum Tragen kommt. Ein Ehevertrag sorgt hier für klare Verhältnisse.

Über einen Ehevertrag sollte auch bei einer internationalen Ehe nachgedacht werden. Davon spricht man, wenn entweder einer oder beide Ehepartner nicht die deutsche Staatsangehörigkeit besitzen oder wenn die Ehegatten zwar deutsche Staatsangehörige sind, aber während der Ehe nicht in Deutschland leben.

Sobald ein internationaler Ansatz in der Ehe sichtbar wird, sollten Sie sich Gedanken über die Rechtsfolgen machen. Fraglich ist dann nämlich, welches Recht für die Ehe angewandt wird.

Unterschiedliche internationale Rechtsordnungen

Nicht in allen Ländern gelten die gleichen Rechte für den Fall der Scheidung. So ist zum Beispiel der im deutschen Recht fest verankerte Versorgungsausgleich in den meisten anderen Ländern völlig unbekannt. Auch die güterrechtlichen Regelungen unterscheiden sich in den internationalen Rechtsordnungen grundlegend. Ist außerdem Immobilienvermögen zu regeln, wird es noch komplizierter.

Wenn Sie einen Ehepartner mit einer anderen als der deutschen Staatsangehörigkeit heiraten wollen, sollten Sie sich vorab über beide Rechtslagen im Fall der Scheidung grundlegend informieren: also über die nach deutschem Recht geltenden Regeln und über die nach dem Recht des Staates Ihres zukünftigen Ehepartners.

Welches Recht im Fall der Scheidung zur Anwendung kommt, richtet sich nach dem internationalen Privatrecht – insbesondere das EU-Recht ist hierbei von Bedeutung. Grundsätzlich gilt deutsches Recht, wenn Sie beide in Deutschland Ihren gewöhnlichen Lebensmittelpunkt haben und auch, wenn Sie mit Ihrem Ehepartner in Deutschland während der Ehe gewohnt haben. Wenn einer von Ihnen noch in Deutschland lebt, gilt ebenso deutsches Recht wie für den Fall, dass Sie beide deutsche Staatsangehörige sind. Wenn all das nicht auf Sie zutrifft, richtet sich das Recht nach Ihrer beider Staatsangehörigkeit. Wenn diese nicht gleich ist, kommt das Recht desjenigen Staates zum Tragen, dem Sie am ehesten verbunden sind.

Um hier Rechtssicherheit zu erlangen, können Sie in einem Ehevertrag eine sogenannte Rechtswahl treffen: Sie vereinbaren damit bindend, nach welchem Recht sich die Auswirkungen Ihrer Ehe und Ihrer Scheidung richten sollen.

Beachten Sie insbesondere: Es ist ein Unterschied, welchen Rechtswirkungen einerseits die Ehe selbst folgt, also nach welchem Recht Sie geschieden werden und nach welchem Recht Sie zum Beispiel Unterhalt verlangen können, und anderseits welches Recht für Ihren Güterstand gilt. Eine EU-Verordnung aus dem Jahr 2019 schreibt hierzu fest, dass der Güterstand, der zu Beginn Ihrer Ehe besteht, unabhängig von Ihrem späteren Wohnsitz auch zum Ende Ihrer Ehe gilt.

Scheidung nach deutschem Recht

Sofern Sie diesen Grundsatz abändern möchten und in jedem Fall deutsches Recht zur Anwendung kommen soll, müssen Sie das im Ehevertrag durch eine Rechtswahl vereinbaren.

Als Beispiel: M und F sind beide bei Eheschließung Marokkaner, sie heiraten in Marokko und ziehen nach drei Jahren nach Deutschland. Dort nehmen sie die deutsche Staatsangehörigkeit an. Sie bekommen zwei Kinder, die deutsche Staatsangehörige werden. In der Ehe erwirbt der Ehemann M eine Immobilie zum Alleineigentum. Nach zehn Jahren lässt sich das Paar scheiden. Für die Scheidung selbst kommt deutsches Recht zur Anwendung, weil die Ehe in Deutschland gelebt wurde und beide ihren Lebensmittelpunkt noch in Deutschland haben. Für den Güterstand gilt allerdings marokkanisches Recht, da das Paar zu Beginn der Ehe in Marokko gelebt hat. Dieser Güterstand besteht trotz Umzugs nach Deutschland und trotz Änderung der Staatsangehörigkeit fort und hat erhebliche Auswirkungen auf mögliche Ansprüche der Eheleute untereinander.

Hätten M und F einen Ehevertrag abgeschlossen mit einer Rechtswahl nach deutschem Recht, könnten alle Scheidungsfolgen nach deutschem Recht geregelt werden. So muss die Ehefrau F mögliche güterrechtliche Ansprüche bezüglich des Vermögenswerts der Immobilie gegenüber ihrem Mann M in Marokko geltend machen.

Es ist übrigens gleichgültig, ob Sie in Las Vegas, in Paris oder in Recklinghausen heiraten. Wenn Sie während Ihrer Ehe in Deutschland leben, gilt immer deutsches Recht.

Oft heiraten Eheleute mit einer anderer Staatsangehörigkeit als der deutschen in Deutschland und leben auch hier. Wenn Sie zum Beispiel beide die türkische Staatsangehörigkeit haben und in Deutschland leben, wird für die Ehescheidung deutsches Recht angewandt.

Eine Besonderheit besteht dann beim Versorgungsausgleich: Art. 17 Abs. 4 EG-BGB legt fest, dass der Versorgungsausgleich nur durchgeführt wird, wenn das Recht des Landes, dessen Staatsangehörigkeit die Ehepartner besitzen, einen Versorgungsausgleich kennt. Für die Türkei trifft das nicht zu. Für diesen Fall kann aber nach Art. 17 Abs. 4 EG-BGB bei der Scheidung der Antrag auf Durchführung des Versorgungsausgleichs gestellt werden.

Sie können dies aber auch schon vorab in einem Ehevertrag regeln und dort vereinbaren, dass für den Fall der Scheidung der Versorgungsausgleich nach deutschem Recht durchgeführt werden soll.

Sonderfall Großbritannien und USA

Ebenfalls wichtig ist im Zusammenhang mit der Rechtswahl: Es interessiert weder das Großbritannien nach dem Brexit noch die USA, ob eine Rechtswahl in einem Ehevertrag getroffen wurde. Beide Staaten wenden immer ihr eigenes Recht an. Wenn Sie also planen oder wissen, dass Sie Ihre Ehe in einem dieser beiden Staaten führen werden, sollten Sie sich über die genaue Rechtslage in Großbritannien oder in einem Bundesstaat der USA vorab informieren und in der Folge gegebenenfalls Regelungen treffen. Eine vorherige Beratung durch einen Notar oder eine Rechtsanwältin mit entsprechenden Fachkenntnissen zu diesen Rechtsordnungen ist zwingend erforderlich.

Sofern Ihr Ehepartner keine ausreichenden deutschen Sprachkenntnisse hat und Sie mit ihm oder ihr einen Ehevertrag abschließen möchten, sollte bei der Beurkundung unbedingt ein Dolmetscher anwesend sein. Darüber hinaus sollte der Entwurf der notariellen Vereinbarung in übersetzter Form einige Zeit vor der Beurkundung vorgelegt werden. Auch eine Rechtswahl kann im Übrigen kontrolliert und für unwirksam

Ehepaare unterschiedlicher Nationalität

Sobald ein internationaler Ansatz in der Ehe sichtbar wird, sollten Sie sich Gedanken über die Rechtsfolgen machen. Fraglich ist dann nämlich, welches Recht für die Ehe angewandt wird. Um Rechtssicherheit zu erlangen, können Sie in einem Ehevertrag eine Rechtswahl treffen.

deutsche Staatsangehörige

Ehe in Deutschland gelebt und sie leben noch in Deutschland
→ **deutsches Eherecht ist anzuwenden**, Rechtswahl nicht möglich

deutscher Staatsangehöriger

deutsche Staatsangehörige

Ehe in Deutschland gelebt und sie leben noch in Deutschland
→ **deutsches Eherecht ist anzuwenden**, Rechtswahl ggf. für Güterrecht notwendig, nämlich dann, wenn Eheleute bei Heirat in Schweden gelebt haben und dann erst nach Deutschland umgezogen sind.

schwedischer Staatsangehöriger

deutsche Staatsangehörige

Ehe in den Niederlanden gelebt. Ehefrau lebt immer noch dort, Ehemann lebt in Deutschland seit weniger als einem Jahr.
→ **niederländisches Eherecht ist anzuwenden**, Rechtswahl notwendig, wenn Anwendbarkeit des deutschen Rechts gewünscht

niederländischer Staatsangehöriger

erklärt werden. Das kann eintreten, wenn die Rechtswahl mit erheblichen Nachteilen für einen Ehepartner verbunden ist. Da das deutsche Scheidungsrecht allerdings eine ausgewogene Regelung der Scheidungsfolgen vorsieht, ist in der Regel bei der Rechtswahl nach deutschem Recht nicht von einer Unwirksamkeit auszugehen.

Besondere Konstellationen

Bei der Vorbereitung eines Ehevertrags gilt es, auch Lösungen zu unangenehmen Fragen und Sonderfällen zu entwickeln: Was ist etwa, wenn die Ehe innerhalb kürzester Zeit scheitert, und wie soll mit den Schulden eines Partners nach der Trennung umgegangen werden?

Selbstverständlich denkt nicht jeder Ehepartner bei der Heirat an das Scheitern der Ehe. Dringend zu empfehlen ist es dennoch, die rosarote Brille bei der Vorbereitung eines Ehevertrags abzusetzen. Beide Seiten sollten sich überlegen, welche Probleme realistischerweise in ihrer Ehe auftauchen könnten.

Kurze Ehedauer

Kaum ein Paar wird davon ausgehen, dass die eigene Ehe nur ein paar Jahre gut geht. Eintreten kann dieser Fall trotzdem, und in einem Ehevertrag lässt es sich hierfür vorsorgen.

So können Sie etwa vereinbaren, dass auf Unterhalt, Zugewinn und Versorgungsausgleich verzichtet wird, sofern die Ehe von der Eheschließung bis zur räumlichen Trennung nicht länger als vier Jahre dauert. Dabei sollten Sie aber in jedem Fall aufnehmen, dass dieser gegenseitige Verzicht nicht gelten soll für den Fall, dass Kinder aus der Ehe hervorgehen. Ansonsten könnte eine solche Regelung an der Inhaltskontrolle des Familiengerichts scheitern und als unwirksam angesehen werden.

Verschuldete Partner

Dass die Schulden eines der Ehepartner sich einmal als Problem erweisen, werden die meisten Heiratswilligen wohl zunächst ebenfalls nicht für möglich halten. Kommt es doch dazu, denken sehr viele Eheleute zunächst, dass sie für Schulden ihres Partners mithaften. Das ist tatsächlich nicht grundsätzlich der Fall. Im Gegenteil ist es nach den gesetzlichen Regelungen so, dass jeder Ehepartner im gesetzlichen Güterstand der Zugewinngemeinschaft für die von ihm eingegangenen Verbindlichkeiten und Schulden selbst und allein haftet. Eine Mithaftung des Ehepartners kann nur gegeben sein, wenn er selbst zum Beispiel einen Darlehensvertrag als zweiter Darlehensnehmer oder als Bürge mitunterschrieben hat.

Allerdings kann eine Mithaftung auch bei Geschäften des täglichen Lebens eintreten. Wenn F zum Beispiel einen Stromlieferungsvertrag für die eheliche Wohnung abschließt, haftet M tatsächlich über die Regelung des Paragrafen 1357 BGB hierfür mit. Diese Mithaftung ist jedoch nicht für Kredite gegeben, die nur einer der Ehepartner abschließt. Hierbei handelt es sich nicht um ein Geschäft des täglichen Lebens.

Problematisch können Schulden des Ehepartners sein, wenn die Trennung erfolgt und in der Folge über den Zugewinnausgleich gestritten wird. Inzwischen ist nach einer vor einiger Zeit erfolgten Neuregelung auch negatives Anfangsvermögen einzurechnen.

Das bedeutet: Wenn Ihre Ehefrau zum Beispiel zu Beginn der Ehe Schulden in Höhe von 10 000 Euro hatte, wird ihr Anfangsvermögen mit −10 000 Euro angesetzt. Konnte sie am Ende der Ehe auch mit Hilfe ihres Gehalts diese Schulden tilgen und sogar einen Betrag von 2 000 Euro ansparen, dann ist ihr Zugewinn mit 12 000 Euro anzusetzen.

Die Schwierigkeit liegt oft in der Beweisbarkeit der Schulden. Wenn Eheleute sich trennen, haben sie meist keinen Zugriff mehr auf die persönlichen Unterlagen des anderen Ehepartners. Das negative Anfangsvermögen müsste aber der Zugewinnausgleichsberechtigte beweisen oder er müsste zumindest substanziiert, also mit genauer Begründung, weitere Informationen hierzu liefern. Das kann er im Zweifel ohne Zugriff auf Bankunterlagen des anderen aber nicht. In diesem Fall ist es daher sinnvoll, in einem Ehevertrag eine Aufstellung zu dem negativen Anfangsvermögen aufzunehmen. So wird die Information über die Ausgangssituation für beide Seiten transparent festgehalten.

Erbregelung für wieder verheiratete ältere Eheleute

Heiraten ältere Ehepartner zum zweiten Mal, bieten sich spezielle Regelungen im Ehevertrag an. Insbesondere zum Thema Erbrecht sollten Überlegungen angestellt werden.

Ältere Ehepaare haben oft bereits eine Lebensstellung erreicht, in der sie keine Versorgung und Unterstützung vom Ehepartner mehr benötigen. Sie haben in der Regel eigene ausreichende Einkünfte und haben für ihr Alter entsprechend vorgesorgt. Wenn Rentner heiraten, sind ohnehin keine Regelungen zum Versorgungsausgleich mehr notwendig.

Gingen Kinder aus der vorherigen Beziehung eines oder beider Ehepartner hervor, sollten sie sich Gedanken machen, wer beim Tod des anderen erben soll. Nach dem Gesetz ist es so, dass neben dem Ehepartner die Kinder erben. Wenn der gesetzliche Güterstand der Zugewinngemeinschaft vorliegt, dann erbt der Ehepartner die Hälfte des Nachlasses und die Kinder zu gleichen Teilen die andere Hälfte.

Im Fall von Eheschließungen älterer Paare ist es keine Seltenheit, dass eine Erbschaft für den Partner oder die Partnerin ausgeschlossen werden soll. Oftmals ist gewünscht, dass nur die Kinder erben. Dann kann eine erbrechtliche Regelung, also beispielsweise ein Testament, erstellt werden, das dies festschreibt. Der Ehegatte hat nach dem Gesetz jedoch trotzdem einen Pflichtteilsanspruch, und zwar in Höhe der Hälfte seines gesetzlichen Erbteils. Im vorgenannten Fall kann er also ein Viertel des Nachlasses als Pflichtteil beanspruchen. Dies wiederum lässt sich durch einen in einer notariellen Urkunde niedergelegten Pflichtteilsverzicht ausschließen. Damit würde das gewünschte Ergebnis erzielt, dass nur die Kinder erben.

Besondere Vorsicht ist bei der Heirat älterer Ehepartner im Übrigen geboten, wenn einer der Ehepartner bereits Rentner ist und der andere noch arbeitet. Findet in dieser Konstellation eine Scheidung und im Anschluss daran ein Versorgungsausgleich nach dem Gesetz statt, wird dadurch die Rente des bereits im Ruhestand befindlichen Ehepartners sofort gekürzt. Der andere Ehepartner hingegen erhält die ihm übertragenen Rentenanwartschaften noch gar nicht, da er noch nicht rentenberechtigt ist. In diesem Fall sollte ebenfalls über den Ausschluss des Versorgungsausgleichs nachgedacht werden.

Große Altersunterschiede

Ist ein Ehepartner sehr viel jünger oder sehr viel älter als der andere, ist ein Ehevertrag ebenfalls sehr zu empfehlen. Denn sowohl der ältere als auch der jüngere Partner kann so Nachteile vermeiden.

Von folgender beispielhafter Situation gehen wir aus: Sie sind 55 Jahre alt, haben bereits über 35 Jahre gearbeitet, in die Rente eingezahlt, eine Altersvorsorge aufgebaut, besitzen eine von Ihrem Einkommen nach und nach finanzierte eigene Immobilie und heiraten nun einen 20 Jahre jüngeren Ehepartner. Dieser arbeitet erst seit 15 Jahren, hat noch kein größeres Vermögen erworben und konnte seine Altersvorsorge noch nicht ausreichend aufbauen.

Wenn Sie sich nach einigen Jahren scheiden lassen, müssen Sie für Ihren jüngeren Partner Unterhalt zahlen, einen Zugewinn ausgleichen und über den Versorgungsausgleich einen Großteil Ihrer Rente abgeben. Das erscheint ungerecht. Hier wäre also zu überlegen, auf den Versorgungsausgleich zu verzichten und einen möglichen nachehelichen Unterhalt in der Höhe oder der Zeitdauer zu beschränken. Bezüglich des Zugewinns sollten Sie diesen im Ehevertrag so modifizieren, dass das von Ihnen bereits in die Ehe eingebrachte Vermögen mit dem Wert zu Beginn der Ehe als auch mit dem in der Ehe zu erwartenden Wertzuwachs bei einer Scheidung nicht ausgeglichen wird.

Eine weitere ungünstige Situation kann sich ergeben, wenn Sie einen Ehepartner heiraten, der bereits in Rente ist und keine weiteren Rentenanwartschaften mehr erwerben kann, während Sie während der Ehe noch fleißig einige Jahre in die Rente einzahlen. Dann erscheint es ungerecht, wenn der Rentner eine zusätzliche Altersversorgung vom jüngeren Ehepartner zu seiner eigenen schon ausreichenden Altersversorgung erhält. Hier sollte gleichfalls über den Ausschluss des Versorgungsausgleichs nachgedacht werden.

Bei Ehen mit größerem Altersunterschied besteht mitunter das Problem, dass der jüngere Ehegatte für den älteren Ehegatten unterhaltspflichtig sein kann.

Der ältere Ehegatte wird möglicherweise nicht mehr arbeiten können oder müssen, während der jüngere Ehegatte ein gutes Einkommen erzielt. Dann müsste der Jüngere Unterhalt wegen Alters oder Aufstockungsunterhalt zahlen. Auch dieses Risiko kann durch einen Ehevertrag minimiert werden, indem auf nachehelichen Unterhalt verzichtet wird oder dieser der Höhe nach oder der Zeitdauer nach beschränkt wird.

Faire Lösungen bei Immobilienbesitz

Erwerben Ehepartner gemeinsam eine Immobilie oder finden in der Ehe Schenkungen statt, ist ein Ehevertrag wichtig: Er kann festgelegen, wie Vermögenswerte bei einer Scheidung gerecht aufzuteilen sind.

Eheleute schenken oft hohe Vermögenswerte, ohne sich weitergehende Gedanken darüber zu machen. Erst bei der Scheidung und dem sich anschließenden Streit über die Frage des Zugewinnausgleichs wird vielen bewusst, welche Rechtsfolgen sie mit ihren Handlungen ausgelöst haben.

Ein Beispiel, das in der Praxis nach diesem Muster immer wieder vorkommt: Die Ehefrau hat vor der Ehe eine Immobilie mit einem Wert von 160 000 Euro in ihrem Eigentum gehabt. Die Eheleute leben zunächst in einer Mietwohnung und entschließen sich dann, ein Haus zu kaufen. Die Immobilie der Ehefrau wird verkauft und die neue Immobilie erworben. Wie selbstverständlich werden beide Eheleute als Miteigentümer zu jeweils 50 Prozent eingetragen. Das Kapital zum Erwerb der Immobilie stammt aber hauptsächlich von der Ehefrau. Wären sich die Eheleute dessen bewusst gewesen, hätten sie eine Lösung finden können, bei der eine andere Miteigentumsquote an der neuen Immobilie eingetragen worden wäre. Die unfaire Situation war dem Paar aber nicht bewusst.

Manchmal bringt auch einer der Eheleute ein Grundstück in die Ehe ein, und auf diesem Grundstück wird später die gemeinsame Immobilie gebaut. Hier wird der Wert des Grundstücks bei der Bemessung der Miteigentumsanteile ebenfalls nicht berücksichtigt und die neue Immobilie samt Grundstück mit jeweils einem Miteigentumsanteil von 50 Prozent eingetragen.

Im Fall der Scheidung ist es nach der Rechtsprechung des Bundesgerichtshofs so, dass die Rückabwicklung solcher Zuwendungen oder Schenkungen nur im Rahmen des Zugewinnausgleichs erfolgen darf. Nur im absoluten Ausnahmefall, wenn sich herausstellt, dass die Regelung über den Zugewinnausgleich zu unhaltbaren Ergebnissen führt, sieht die Rechtsprechung einen Rückforderungsanspruch vor.

Nehmen wir das erste Beispiel und blenden alle anderen möglichen Vermögenswerte aus, um einen möglichen Zugewinnausgleich zu errechnen: Im Anfangsvermögen der Ehefrau befindet sich die Erst-Immobilie mit 160 000 Euro. Die neue Immobilie hat einen Wert von 600 000 Euro. Sie ist zu 50 Prozent Miteigentümerin, sodass in ihrem Endvermögen ein

Immobilien erben während der Ehe

Wenn Sie während der Ehe ein Haus erben, wird der Wert der Immobilie Ihrem Anfangsvermögen zugerechnet und bei einem Zugewinnausgleich nicht berücksichtigt. Eine Wertsteigerung der Immobilie, etwas durch Anbau oder Modernisierung, zählt allerdings

Anfangsvermögen der Ehefrau: **20 000 €**

Die Ehefrau erbt das Haus ihrer Eltern. Das Haus hat einen Wert von **370 000 €**.

Es wird dem **Anfangsvermögen** zugerechnet und damit einem Zugewinnausgleich entzogen. Anfangsvermögen der Ehefrau mit Haus: **390 000 €**

in den Zugewinnausgleich.

Nach der Erbschaft wird an das Haus angebaut und damit der Wert um 50.000 auf insgesamt **420 000 €** gesteigert.

Die Ehefrau hat außer dem Haus kein weiteres Vermögen am Ende ihrer Ehe.

Vergleicht man nun Anfangs- und Endvermögen, dann hat die Ehefrau im Endvermögen einen Zugewinn von insgesamt **30 000 €**. Dieser Zugewinn ist auszugleichen.

Wert von 300 000 Euro steht. Sie hat also einen Zugewinn (nicht indexiert) von 300 000 Euro–160 000 Euro = 140 000 Euro. Der Ehemann hatte zu Beginn der Ehe kein Vermögen, sein Endvermögen beträgt wie das der Ehefrau 300 000 Euro. Sein Zugewinn liegt damit bei 300 000 Euro. Die Differenz der Zugewinne der Eheleute liegt bei 300 000 Euro–140 000 Euro = 160 000 Euro. Diese Differenz ist als Zugewinnausgleichsanspruch zur Hälfte, also mit 80 000 Euro, gegenüber der Ehefrau auszugleichen.

Das Beispiel führt deutlich vor Augen, dass über den Zugewinnausgleich immer nur die Hälfte des eingebrachten Vermögens wieder zurückerlangt werden kann. Das erscheint ungerecht und wird von vielen Eheleuten erst bei der Trennung und der ersten Berechnung eines möglichen Zugewinnausgleichsanspruchs erkannt.

In einem vorsorgenden Ehevertrag könnten Sie regeln, dass diese Zuwendung in voller Höhe, also in obigem Beispiel in Höhe von 160 000 Euro, zurückerstattet wird. Bei einem Verkauf der gemeinsamen Immobilie oder bei einer Übertragung an den anderen Ehegatten würde dieser Betrag also vorab an den zuwendenden Ehepartner ausgezahlt.

Dies ließe sich folgendermaßen formulieren:

„Die Eheleute sind sich einig, dass der von der Ehefrau zum Erwerb der Immobilie eingebrachte Betrag von 160 000 Euro bei Scheitern der Ehe und Beendigung der Ehe in anderer Weise als durch Tod an die Ehefrau zurückzuzahlen ist. Bei einem Verkauf der Immobilie ist von dem Erlös der Betrag von 160 000 Euro vorab an die Ehefrau zu zahlen, der verbleibende Erlös wird zu je 50 Prozent an die Eheleute ausgezahlt. Sofern der Ehemann die Immobilie zum Alleineigentum übernimmt, verpflichtet er sich, den Betrag von 160 000 Euro an die Ehefrau vorab auszuzahlen sowie den hälftigen Wert der Immobilie nach Abzug dieses Betrags ebenfalls auszuzahlen. Sofern die Ehefrau die Immobilie zum Alleineigentum übernehmen möchte, wird der Betrag von 160 000 Euro auf den an den Ehegatten zu zahlenden Ausgleichsbetrag angerechnet."

In der Praxis übertragen oft auch die Eltern eines der Ehepartner ein Baugrundstück an das Ehepaar, auf das dann später gebaut wird. Hier sollten die Eltern sich für den Fall der Scheidung der Eheleute gleichfalls ein Rückforderungsrecht vorbehalten. Das sollte allerdings nicht im Ehevertrag der Eheleute, sondern bereits in dem das Grundstück betreffenden Übertragungsvertrag geregelt werden.

05

Der ideale Weg zum Ehevertrag

Das Gespräch mit dem Partner

Die Hemmschwelle, mit dem Partner vor der Hochzeit über einen Ehevertrag zu reden, ist groß. Das Abschließen eines Ehevertrags gilt gemeinhin als unromantisch.

Sie sind verliebt, genießen die Zeit des Zusammenlebens und wollen sich in der Regel noch keine Gedanken über die rechtlichen Folgen Ihres Zusammenlebens machen. Das müssen Sie auch nicht – zumindest nicht sofort. Allerdings sollten Sie, wenn es ernst wird, also wenn über eine mögliche Ehe gesprochen wird, dieses Thema durchaus anschneiden. Haben Sie bereits eine gescheiterte Beziehung oder Ehe hinter sich, sind Sie vielleicht besonders daran interessiert, in der jetzigen Beziehung das Thema Ehevertrag anzusprechen, und zwar frühzeitig. Denn dann haben Sie unter Umständen schon erlebt, dass aus vormals glücklichen Paaren durchaus unglückliche, belastete und enttäuschte Partner werden können, die nur noch die eigenen Interessen durchsetzen möchten, eventuell sogar ohne Rücksicht auf die gemeinsamen Kinder.

Aber auch wenn es Ihre erste Ehe ist und Sie aus dem Bekannten- oder Familienkreis von der Möglichkeit des Ehevertrags gehört haben und sich bereits informiert haben, sollten Sie bald mit Ihrem Partner offen dieses Thema besprechen.

Idealerweise führen Sie mit ihm zunächst lange Gespräche zur Gestaltung Ihrer gemeinsamen Zukunft. Scheuen Sie sich dabei nicht, auch zu überlegen, wie Sie auseinandergehen möchten. Es gibt keine Statistik darüber, wie viele Paare mit Ehevertrag sich scheiden lassen. Aus anwaltlicher Praxis ist allerdings zu sagen, dass bei emotional geführten und sehr streitbelasteten Scheidungen die Anwälte, Notare und Gerichte viel Geld verdienen. Zudem dauern die Verfahren sehr lange und es wird dabei mehr Porzellan zerschlagen, als Sie sich zu Beginn Ihrer Ehe in der Diskussion mit Ihrem Ehepartner oder Dritten vorstellen können.

Der ideale Weg zum Ehevertrag besteht deshalb darin, zu gegebener Zeit ein offenes und langes Gespräch mit Ihrem Partner oder Ihrer Partnerin zu möglichen Folgen einer Trennung und Scheidung zu führen.

Wichtige Themen zum richtigen Zeitpunkt

Wie erwähnt, hört man oft den Ausspruch, ein Ehevertrag sei unromantisch, weil bei Abschluss des Ehevertrags von einer Trennung oder Scheidung ausgegangen wird und für diesen Fall vorgesorgt wird. Ja, das ist richtig. Aber mit der Eheschließung haben wir auch andere unromantische Dinge zu regeln. So nehmen Sie vielleicht den Namen Ihres Ehepartners an oder haben sich entschlossen, „ganz unromantisch", aber aus praktischen Gründen Ihren Namen beizubehalten. Sie machen sich möglicherweise Gedanken zur Wahl Ihrer Steuerklasse, die Ihnen „ganz unromantisch" finanzielle Vorteile durch das Ehegattensplitting bringt. Über einen Ehevertrag nachzudenken, Vor- und Nachteile abzuwägen und dabei mit dem Partner in die Diskussion zu Erwartungen und Lebensvorstellungen zu kommen, kann eine Beziehung tatsächlich auch stärken. Vielleicht stellen Sie fest, dass Sie in den Vorstellungen, wie die Ehe gelebt werden soll, wie Sie Ihre Kinder und sich untereinander finanziell absichern wollen und wie Sie mit aufgebautem Vermögen umgehen möchten, ebenfalls gut zueinander passen.

Der richtige Zeitpunkt, über einen Ehevertrag zu sprechen, ist ebenso individuell wie die Frage, was in Ihrem Ehevertrag geregelt werden soll. Der falsche Zeitpunkt, über einen Ehevertrag zu sprechen, ist aber definitiv der Zeitraum, den Sie zur Planung Ihrer Hochzeitsfeier benötigen. Wenn schon über Brautkleid, Location und Gästeliste diskutiert wird, haben Sie in der Regel keine Lust, sich mit den eher trockenen Themen eines Ehevertrags auseinanderzusetzen. Da es egal ist, ob Sie den Ehevertrag vor der Heirat oder nach der Eheschließung vereinbaren, sollten Sie jeden Zeitdruck herausnehmen.

Im Idealfall haben Sie sich lange vor der Hochzeitsfeier erste Gedanken über den Ehevertrag gemacht und sich darüber mit Ihrem Partner ausgetauscht.

Übereinkünfte je nach Lebensmodell

Welche Regelungen im Ehevertrag aufgenommen werden, richtet sich, wie oben beschrieben, insbesondere danach, welches Ehe- und Lebensmodell Sie für Ihre Ehe planen. Gespräche in der Partnerschaft über diese Fragen können daher eine gute Basis für die spätere Ehe sein. Klären Sie, ob Sie gemeinsame Kinder haben wollen, wer sich um die Kinder hauptsächlich kümmert und wie die Kinder finanziell abgesichert werden. Finden Sie heraus, ob Sie eine völlig gleichberechtigte Partnerschaft hinsichtlich Kinderbetreuung und Haushaltsführung leben wollen oder ob Sie eher dem traditionellen Ehemodell zugewandt sind, in dem der eine Partner bei den Kindern zu Hause bleibt und den Haushalt führt und der andere Partner die Familie durch Vollzeittätigkeit finanziell absichert. Sprechen Sie des Weiteren offen über die Frage, ob und wie Vermögen aufgebaut werden soll. Und reden Sie darüber, wie Sie sich Ihr gemeinsames Leben vorstellen.

Seien Sie ehrlich, offen und transparent. Vermitteln Sie Ihrem Partner, warum Sie sich Gedanken zu einem Ehevertrag machen, was also Ihre Beweggründe hierfür sind.

Wenn Sie schon einmal verheiratet waren, wollen Sie vielleicht aus Ihren Erfahrungen heraus einen Ehevertrag abschließen. Oder Sie sind Unternehmerin und möchten Ihr Unternehmen absichern. Wichtig ist, dass Ihr Ehepartner versteht, dass es um eine für beide Partner faire, die individuellen Verhältnisse beachtende Regelung möglicher Trennungsfolgen geht.

Sie sollten Ihren Ehepartner in keinem Fall mit einem bereits von einer befreundeten Notarin entworfenen Ehevertrag überrumpeln. Wichtig ist es, von Beginn der Diskussion an mit offenen Karten zu spielen.

Vorteile einer juristischen Beratung

Treffen Paare schriftliche Übereinkünfte für den Fall des Scheiterns ihrer Beziehung, sollten sie am besten immer den Rat einer Rechtsanwältin einholen. Zahlreiche Fehler lassen sich so vermeiden.

Eine Trennungsvereinbarung muss nicht zwingend notariell beurkundet werden. Ein Ehevertrag und eine Scheidungsfolgenvereinbarung enthalten jedoch meistens Regelungen zu nachehelichen Unterhaltsansprüchen und zum Güterstand. Diese müssen zwingend notariell beurkundet werden.

Selbst wenn Sie aber nur eine Trennungsvereinbarung abschließen wollen, sollten Sie, bevor Sie etwas unterschreiben, juristischen Rat einholen. Dabei kann es um Themen gehen wie die Festlegung des Trennungsdatums, die Zahlung von Trennungsunterhalt und Kindesunterhalt in der Zeit bis zur rechtskräftigen Scheidung, Umgangs- und Sorgerechtsregelungen oder die weitere Nutzung der ehelichen Wohnung und die Aufteilung des Hausrats.

Die Tücken privatschriftlicher Vereinbarungen

Gerade in privatschriftlichen Trennungsvereinbarungen finden sich oft Regelungen, die für einen von Ihnen beiden nachteilig werden können. Wenn Sie beide beispielsweise auf Trennungsunterhalt verzichten, umgehen Sie damit das gesetzliche Verbot des Paragrafen 1614 BGB. Dieser Verzicht ist also nicht wirksam und kann dazu führen, dass, trotz der ausdrücklichen Erklärung in der Trennungsvereinbarung, einer der Ehepartner Trennungsunterhaltsansprüche geltend machen kann.

Regeln Sie einen bestimmten Trennungsunterhaltsbetrag in der Vereinbarung, sollten Sie wissen, ob dieser Betrag auch dem entspricht, was Ihnen nach den gesetzlichen Vorgaben zusteht. Eine anwaltliche Beratung und Berechnung des Trennungsunterhalts anhand konkreter Unterlagen sollten also vorher stattfinden.

Gleiches gilt selbstverständlich hinsichtlich des in einer Trennungsvereinbarung festgelegten Kindesunterhalts. Oft wird hierbei nicht der Zahlbetrag des Kindesunterhalts festgeschrieben, sondern der Tabellenbetrag, von dem aber grundsätzlich noch das hälftige Kindergeld abgezogen werden muss.

Wenn Sie im Moment nicht erwerbstätig sind, Ihr Ehepartner aber schon, dann ist es für Sie grundsätzlich günstig, den Trennungszeitpunkt so weit wie möglich nach hinten zu schieben. Denn auf diese Weise werden Ihnen mehr Rentenanwartschaften im Versorgungsausgleich übertragen und Sie erhalten länger Trennungsunterhalt. Wenn Sie nun aber in der Trennungsvereinbarung ohne juristische Beratung bereits ein Trennungsdatum festgeschrieben haben, ist daran später nichts mehr zu ändern. Das kann immense finanzielle Nachteile für Sie haben.

Informationen einholen

Bei einem Ehevertrag oder einer Scheidungsfolgenvereinbarung sollten Sie ebenfalls die gesetzlichen Grundlagen kennen. Nur wenn Sie wissen, wie der Unterhaltsanspruch nach dem Gesetz geregelt ist, können Sie überblicken, ob die vorgeschlagenen Regelungen im Ehevertrag Ihren Interessen entsprechen oder ob die gesetzlichen Regelungen für Sie günstiger sind. Gleiches gilt in Bezug auf Regelungen zum Zugewinnausgleich oder zu alternativen Güterständen, die durch Ehevertrag vereinbart werden können.

Lassen Sie sich vor der Beurkundung Ihres Ehevertrags durch den Notar beide unbedingt getrennt voneinander bei unterschiedlichen Rechtsanwälten beraten! Diese Einzelberatung ist kein Misstrauen gegenüber Ihrem Ehepartner.

Jeder Ehevertrag ist individuell und berücksichtigt im Idealfall die Interessen beider Ehepartner gleichermaßen. Dennoch ist es legitim, den Ehevertragsentwurf daraufhin überprüfen zu lassen, welche konkreten Vor- und Nachteile er für Sie ganz persönlich hat. Nur wenn Sie die Folgen des Ehevertrags für sich selbst kennen, können Sie entscheiden, ob der Ehevertrag so oder mit Änderungen abgeschlossen werden soll.

Ein Ehevertrag ist letztendlich immer ein Kompromiss zwischen beiden Ehepartnern. Jeder gibt ein Stück weit nach, um zu einer für beide gerechten und fairen Lösung zu kommen. Ihre Anwältin wird den Vertrag einmal nur von Ihrer Seite beleuchten. Sie wird Ihnen dann die Vor- und Nachteile für Sie genau erläutern und Sie auf bestehende Risiken oder Unwägbarkeiten hinweisen. Sie kann Ihnen im Anschluss Auskunft geben, wie der Vertrag zu Ihren Gunsten nachgebessert werden sollte.

Getrennte Beratung der Partner

Es gibt zahlreiche Gründe, warum Sie keinen gemeinsamen Rechtsanwalt für die Beratung bezüglich Ihres Ehevertrags engagieren sollten. Jeder Rechtsanwalt muss Interessenskollisionen vermeiden. Wenn beide Eheleute sich bei einem Rechtsanwalt beraten lassen, muss der Anwalt beiden Eheleuten die jeweiligen Vor- und Nachteile erläutern. Bei manchen Einzelheiten des Vertrags wird dies für ihn mit Schwierigkeiten verbunden sein. Erläutert er etwa dem Unternehmerehegatten die Risiken, die die gesetzlichen Regelungen zum Zugewinnausgleich für ihn bringen, muss er der Ehepartnerin auf der andere Seite die Vorteile dieser Regelungen nahebringen. In dieser Situation kann der Rechtsanwalt zudem keine Hinweise erteilen, wo der Ehevertrag für einen der Eheleute ungünstig oder günstig ist und welche Nachbesserungen zu empfehlen sind. Der später den Ehevertrag beurkundende Notar ist zur Neutralität verpflichtet und macht keine individuelle Rechtsberatung.

Vorbereitung der notariellen Beurkundung

Stimmen die Ehepartner über den Inhalt ihres Ehevertrags überein, steht die Beurkundung durch den Notar an. Eine Reihe von Punkten gilt es nun zu beachten.

Gehen wir davon aus, Sie sind sich grundsätzlich über die Fragen einig, wie Sie Ihre Ehe leben und welche Bereiche Sie in Ihrem Ehevertrag regeln möchten. Dann vereinbaren Sie nun einen ersten Besprechungstermin mit einem Notariat. Was das weitere Vorgehen im Einzelnen angeht, so bitten die meisten Notare sodann um Einreichung von Unterlagen. Über einen Fragebogen werden grundlegende Dinge ermittelt. In der ersten Besprechung schildern Sie dem Notar Ihr Anliegen, einen Ehevertrag abschließen zu wollen. Sie erklären, welche Gegenstände Sie regeln wollen, also ob Regelungen zum Güterstand, zum Unterhalt, zur Vermögensauseinandersetzung, zur ehelichen Wohnung und zum Erbrecht gewünscht sind und was Sie sich grundsätzlich dazu vorstellen. Auf Grundlage dieses ersten Besprechungstermins entwirft der Notar einen Ehevertrag. Diesen Entwurf erhalten Sie beide zur Prüfung.

Vom ersten Entwurf zum Beurkundungstermin

In der Folge sollten Sie sich zu diesem Entwurf jeder individuell bei einer Fachanwältin für Familienrecht zu Vor- und Nachteilen beraten lassen. Gleichfalls sollten Sie Ihrem Steuerberater den notariellen Entwurf zur Prüfung vorlegen. Änderungswünsche können Sie dem Notariat mitteilen. Wenn der Entwurf zwischen Ihnen beiden und dem Notariat abgestimmt ist, wird ein Beurkundungstermin vereinbart.

Zu diesem Termin müssen Sie beide persönlich erscheinen. Eine Vertretung ist zwar grundsätzlich möglich, aber nicht sinnvoll. Durch die persönliche Anwesenheit ist gesichert, dass Sie umfassend belehrt werden und Nachfragen stellen können. Während des Termins liest der Notar den gesamten Text des Vertrags vor und erläutert bei Unklarheiten einzelne Passagen. Am Ende unterzeichnen Sie, Ihr Ehepartner und der Notar persönlich den Ehevertrag – damit ist er wirksam beurkundet.

Von diesem Vertrag erhalten Sie nach dem Beurkundungstermin jeweils eine Ausfertigung für Ihre Unterlagen. Manche Regeln eines Ehevertrags sind sofort vollstreckbar. Das bedeutet, dass Sie mit der notariellen Urkunde sofort die Zwangsvollstreckung beauftragen können, wenn Ihr Ehepartner zum Beispiel nach der Trennung trotz eindeutiger Regelung im Ehevertrag den dort festgeschriebenen Unterhalt nicht zahlt. Die notarielle Urkunde ist daher ein wichtiges persönliches Dokument, das Sie sorgfältig aufbewahren sollten.

Ehevertrag anpassen oder aufheben

Die Lebensumstände eines Paares können sich im Laufe der Ehe ändern. In der Folge kann es sinnvoll sein, einige Übereinkünfte zu modifizieren oder den gesamten Ehevertrag gemeinsam für nichtig zu erklären.

Auch wenn die Eheleute konkrete Zukunftsvorstellungen haben, hält das Leben bisweilen trotzdem Überraschungen bereit. So können aus einer zunächst geplant kinderlosen Ehe doch noch Kinder hervorgehen. Möglich wäre es zudem, dass der zunächst gleich viel verdienende, nicht selbstständige Ehepartner ein Start-up gründet und seine Einkünfte überproportional ansteigen. Ferner kann es sein, dass die Kinder erwachsen und ausgezogen sind, Regelungen für sie also nicht mehr notwendig sind. Erbrechtliche Überlegungen können sich ebenfalls geändert haben.

Überprüfen des Vertrags alle vier Jahre

All diese Veränderungen sollten Sie im Blick behalten bezüglich des zu Beginn der Ehe geschlossenen vorsorgenden Ehevertrags. Der Ehevertrag sollte generell mindestens alle vier Jahre nochmals hervorgeholt und gelesen werden. Sie sollten prüfen, ob die dort getroffenen Regelungen noch dem übereinstimmenden Willen beider Ehepartner entsprechen.

Eine Anpassung des Ehevertrags im Einverständnis mit dem Ehepartner ist jederzeit möglich. Zwar entstehen nochmals Kosten für die Änderung beim Notar. Im Zweifel sollten Sie diese jedoch nicht scheuen, wenn im Anschluss daran der Ehevertrag wieder den aktuell gewählten Lebensumständen entspricht. Das geht allerdings immer nur gemeinsam. Widerspricht Ihr Ehepartner der Anpassung, gibt es keine Möglichkeit, den Ehevertrag abzuändern.

Selbstverständlich können Sie den Ehevertrag nicht nur abändern, sondern auch aufheben. Dies kommt in Betracht, wenn Sie beide der Meinung sind, dass die dort getroffenen Regelungen nicht mehr Ihrer Le-

Wann Sie einen Notar brauchen und wann nicht

Wenn Sie Verträge abschließen oder Vereinbarungen treffen, die weitreichende rechtliche oder finanzielle Folgen haben können, müssen Sie diese notariell beurkunden lassen. In anderen Fällen ist ein Notar nicht zwingend erforderlich.

Notar notwendig

- Nachehelicher Unterhalt: vereinbart **vor** rechtskräftiger Scheidung oder Verzicht darauf
- Wahl eines Güterstands
- Regeln von Zahlungsansprüchen aus Zugewinnausgleich
- Verzicht auf Zugewinnausgleich
- Regelungen zum Versorgungsausgleich oder Verzicht (auch teilweise) dazu
- Rechtswahl bei Beteiligung von ausländischen Ehepartnern
- Übertragung von Grundbesitz, Auseinandersetzung einer Miteigentümergemeinschaft an einer oder mehreren Immobilien
- Erbvertrag, Pflichtteilsverzicht

Kein Notar notwendig

- Nachehelicher Unterhalt: vereinbart **nach** rechtskräftiger Scheidung oder Verzicht darauf
- Kindesunterhalt
- Trennungsunterhalt
- Auflösung gemeinsamer Konten, Wertpapierdepots etc.
- Übertragung von PKWs
- Übertragung von Lebensversicherungen
- Hausratsteilung
- Handschriftliches Testament

benswirklichkeit entsprechen und die gesetzlichen Regelungen für den Fall der Trennung und Scheidung auf Sie passen. Wichtig ist, dass sowohl die Anpassung und Änderung als auch die Aufhebung des Ehevertrags notariell beurkundet werden. Eine privatschriftliche Vereinbarung ist formnichtig und würde den Ehevertrag in seiner ursprünglichen Form nicht verändern.

Ehevertrag anfechten

Verstößt ein Ehevertrag gegen die guten Sitten oder liegen andere schwerwiegende Gründe vor, lässt sich ein Ehevertrag anfechten und für unwirksam erklären. Die Hürden hierfür sind allerdings hoch.

Ein Ehevertrag kann nach Paragraf 138 BGB unwirksam sein, wenn er gegen die guten Sitten verstößt. Zur Frage, wann dies der Fall ist, hat der Bundesgerichtshof als höchstes Gericht eine umfangreiche Rechtsprechung entwickelt. Eheverträge unterliegen naturgemäß dem Wandel der Zeit. Was vor 50 Jahren als den guten Sitten entsprechend angesehen wurde, kann heute durchaus sittenwidrig sein und damit zu unwirksamen Eheverträgen führen.

Unwirksam durch Irrtum, Täuschung oder Drohung

Des Weiteren kann ein Ehevertrag durch wesentlichen Irrtum über die Regelungen oder Täuschung durch den anderen Ehepartner zustande gekommen sein. Dann ist es möglich, diesen Ehevertrag anzufechten. Derartige Fälle sind allerdings sehr selten. Sie werden vom Notar über die Regelungen belehrt und Sie haben jederzeit die Möglichkeit, nachzufragen. Eine Anfechtung wegen Irrtums kann daher im Grunde nur erfolgen, wenn die Belehrung durch den Notar nicht ausreichend war oder wenn Sie bei der Beurkundung nicht ausreichend der deutschen Sprache mächtig waren.

Die Anfechtung wegen arglistiger Täuschung kommt in Frage, wenn Sie beispielsweise einen Ehevertrag zur Regelung von Gütertrennung beurkundet haben und sich im Nachhinein herausstellt, dass Ihr Ehepartner Sie über die Höhe seines Einkommens oder seines Vermögens bewusst getäuscht hat.

Dann gibt es noch den Fall der Anfechtung wegen widerrechtlicher Drohung: wenn Ihr Ehepartner Ihnen beispielsweise droht, falls Sie den Ehevertrag nicht unterschreiben, wird er Sie wegen Steuerhinterziehung anzeigen. Dabei würde es sich sicherlich um eine widerrechtliche Drohung handeln, die eine Anfechtung zulässt.

Bei der Anfechtung von Eheverträgen wegen Irrtum, arglistiger Täuschung oder widerrechtlicher Drohung müssen Sie Fristen beachten. Die Anfechtung eines Ehevertrags wegen Irrtums muss unverzüglich nach Kenntnis des Irrtums, spätestens innerhalb einer Frist von 14 Tagen, erfolgen. Die Anfechtung des Ehevertrags wegen Täuschung oder Drohung muss innerhalb eines Jahres nach der täuschenden oder drohenden Handlung stattfinden. Außerdem ist die Anfechtung nach Ablauf von zehn Jahren seit Abschluss des Ehevertrags ausgeschlossen.

Sehr viel häufiger als die oben beschriebenen Fälle kommt es vor, dass Eheverträge, die vor Jahrzehnten abgeschlossen wurden, in einem laufenden Scheidungsverfahren angefochten werden, weil die Regelungen gegen die guten Sitten verstoßen.

Im Jahr 2001 hat das Bundesverfassungsgericht zur Frage der Wirksamkeit von Eheverträgen eine grundlegende Entscheidung getroffen. Die grundsätzliche Vertragsfreiheit der Eheleute wurde dort begrenzt, wo der Ehevertrag zu einer unangemessenen Benachteiligung eines der Ehegatten führt.

Danach werden Eheverträge einer Inhalts- und einer Ausübungskontrolle unterzogen. Wenn die Regelungen im Ehevertrag eklatant zur Benachteiligung eines der Ehegatten führen, kann dies eine Unwirksamkeit nach sich ziehen.

Wirksamkeitskontrolle und Stufenlehre

Grundsätzlich besteht Verhandlungsfreiheit der Eheleute. Es gilt der Vorrang der Selbstbestimmung der Eheleute vor der Kontrolle durch das Gesetz beziehungsweise das Gericht. Verhindert werden soll aber, dass der verhandlungsschwächere Ehepartner Nachteile durch den Ehevertrag hinnehmen muss.

Der Bundesgerichtshof hat im Jahr 2004 diese Grundsätze konkretisiert. Demnach wird eine Wirksamkeitskontrolle nach Paragraf 138 BGB und eine Ausübungskontrolle nach Paragraf 242 BGB durchgeführt. Das Gericht hat eine Gewichtung der Trennungsfolgen untereinander vorgenommen und daraus eine Stufenlehre entwickelt. Die Abweichung von den gesetzlichen Regelungen soll danach umso mehr begründet sein, als bestimmte Stufen betroffen sind.

Die erste Stufe ist der Betreuungsunterhalt nach Paragraf 1570 BGB. Für betreuende Eltern und Kinder ist dieser Unterhaltsanspruch sehr wichtig. Daher soll in diesen Kernbereich nur eingegriffen werden können, wenn entweder ein anderes Betreuungsmodell gelebt wird, z. B. ein Wechsel- oder Nestmodell (siehe „Modelle der Kinderbetreuung", ab Seite 16), oder der Unterhalt grundsätzlich im Ehevertrag geregelt wird. Zum Beispiel könnte eine bestimmte monatliche Zahlung vorgesehen und gleichzeitig ein bestimmter Zeitraum für die Unterhaltszahlung festgelegt werden. Bei der Frage wie lange der Unterhalt wegen der Kinderbetreuung gezahlt werden wird, sollten Sie sich an die Rechtsprechung der Gerichte halten. Oft urteilen die Gerichte, dass der Kinderbetreuungsunterhalt mindestens bis zum Ende der 5. Klasse des jüngsten Kindes gezahlt werden sollte. Auf der zweiten Stufe steht der Krankheitsunterhalt nach Paragraf 1572 BGB und der Altersunterhalt nach Paragraf 1571 BGB. Ebenfalls auf dieser Stufe ist der Versorgungsausgleich angesiedelt. Auf den untersten Stufen stehen der Unterhalt wegen Erwerbslosigkeit, wegen Ausbildung und der Aufstockungsunterhalt sowie der Zugewinnausgleich. Das sind die Bereiche, die also am ehesten einer ehevertraglichen Regelung zugänglich sind.

Das Gericht prüft mehrstufig. Zunächst wird im Rahmen der Inhaltskontrolle jede Vereinbarung für sich auf Wirksamkeit überprüft. Dies geschieht bezogen auf den Zeitpunkt, zu dem der Ehevertrag abgeschlossen wurde. Eine Sittenwidrigkeit wird dann angenommen, wenn in den oben beschriebenen Kernbereich eingegriffen wurde und kein Ausgleich erfolgt. Danach prüft das Gericht den Vertrag insgesamt – es untersucht dabei, wie die einzelnen Regelungen in der Gesamtschau wirken. Zum Schluss werden die subjektiven Auswirkungen daraufhin betrachtet, ob eine Notlage ausgenutzt wurde oder ob eine intellektuelle Unterlegenheit eines der Ehepartner vorliegt.

Ausübungskontrolle und die Folgen

Wenn das Gericht hierbei schon eine Unwirksamkeit annimmt, gelten die gesetzlichen Regelungen. Stellt das Gericht aber grundsätzlich die

Wirksamkeit der Regelungen fest, wird im Rahmen der Ausübungskontrolle geprüft, ob die Berufung auf diese Regelungen zum jetzigen Zeitpunkt rechtsmissbräuchlich ist. Es gibt verschiedene Fallgruppen, die vor Gericht zur Unwirksamkeit von Eheverträgen geführt haben. Im Folgenden eine Zusammenstellung:

Zum einen ist ein Ehevertrag besonders genau zu prüfen, wenn die Ehefrau bei dessen Abschluss schwanger war. Zwar ist die Schwangerschaft an sich noch kein Grund, Sittenwidrigkeit anzunehmen. Allerdings wird in einem solchen Fall oftmals eine ungleiche Verhandlungsposition gegeben sein. Wird der schwangeren Ehefrau zusätzlich ein Totalverzicht, also ein Verzicht auf Unterhalt, Zugewinn und Versorgungsausgleich vorgelegt, ohne dass eine Kompensationsleistung, also ein Ausgleich für diesen Verzicht vereinbart wird, ist ein solcher Vertrag sittenwidrig und damit unwirksam.

Zum anderen kann die kurzfristige Vorlage des Entwurfs eines Ehevertrags, ohne dass eine vorherige anwaltliche Beratung möglich war, ebenfalls zur Unwirksamkeit des Vertrags führen.

Sofern ein Ehevertrag mit einem Ausländer geschlossen wird, dürfte dieser unter folgenden Bedingungen seine Geltung verlieren: Der Ehepartner spricht und versteht schlecht Deutsch und bei der notariellen Beurkundung ist kein Dolmetscher anwesend, der ihm den Inhalt des Vertrags übersetzt. Dasselbe gilt, wenn der ausländische Partner vorher nicht ausreichend Zeit hatte, um sich den Vertragsentwurf übersetzen zu lassen.

Unwirksam wäre ein Ehevertrag gleichfalls bei dieser Konstellation: Zum Zeitpunkt seines Abschlusses entsprach der Ehevertrag mit einem vollständigen Verzicht auf Unterhalt, Versorgungsausgleich und Zugewinnausgleich den Interessenslagen der Eheleute, die damals gleiches Einkommen und keine Kinder hatten. Im Verlauf der Ehe bekam das Paar aber Kinder und damit ging eine Reduzierung des Einkommens der Ehefrau einher. In diesem Fall wäre der Vertrag durch das Gericht anzupassen.

Einen extremen Fall hat der Bundesgerichtshof im Jahr 2006 entschieden: Im Jahr 1991 heiratete ein Arzt eine 23-jährige, der deutschen Sprache nicht mächtige ungelernte Brasilianerin. Einige Tage vor der Hochzeit schlossen die Eheleute einen Ehevertrag, in dem Gütertrennung, Ausschluss des Versorgungsausgleichs und Verzicht auf nachehelichen Unterhalt unter Beteiligung eines Dolmetschers geregelt wurden. Nach elf Jahren trennten sich die Eheleute. Aus der Ehe waren zwei Kinder hervorgegangen, die von der Ehefrau versorgt und betreut worden waren. Dieser Ehevertrag wurde als unwirksam angesehen, da die Ehefrau dem Ehemann sprachlich und hinsichtlich ihrer Kenntnisse des deutschen Rechts unterlegen war. Zudem war sie von ihrem Ehemann wirtschaftlich abhängig und hätte ohne Eheschließung keine Aufenthaltsgenehmigung erhalten.

Anwaltliche Beratung und Vertragspräambel

Um eine spätere Anfechtung des Ehevertrags zu verhindern, ist es deshalb dringend zu empfehlen, den Ehevertrag gut vorzubereiten. Beide Eheleute sollten sich vorher anwaltlich beraten lassen und beide sollten ausreichend Zeit zum Überlegen haben.

Die Rechtsprechung und die Weiterentwicklung gesellschaftlicher Normen sind nicht vorhersehbar. Dennoch kann durch einen gut vorbereiteten Ehevertrag das Risiko der späteren Anfechtung minimiert werden. Es empfiehlt sich, in einer Präambel einige Punkte aufzunehmen, die die gleichberechtigte Verhandlungsposition der Eheleute darstellen. So sollte dort festgehalten werden, dass beide Eheleute den Vertragsentwurf mindestens 14 Tage vorher zur Prüfung erhalten haben. Sofern eine anwaltliche Prüfung vorab erfolgte, sollte das ebenfalls in die Präambel aufgenommen werden. Die persönlichen und wirtschaftlichen Verhältnisse sollten beschrieben werden und die Beurkundung sollte in sinnvollem zeitlichen Abstand vor oder nach der Heirat erfolgen.

Wenn Sie einen Ehevertrag anfechten wollen, sollten Sie eine Rechtsanwältin hiermit beauftragen. Diese prüft zunächst einmal die Erfolgsaussichten. Daraufhin kann entweder im laufenden Scheidungsverfahren der Ehevertrag überprüft werden oder Sie lassen einen gesonderten Antrag zur Prüfung des Ehevertrags bei Gericht einreichen.

Wenn Sie bereits rechtskräftig geschieden sind, ist die Anfechtung eines Ehevertrags nicht mehr möglich.

In den meisten Eheverträgen ist eine sogenannte salvatorische Klausel enthalten. Diese lautet oft wie folgt: „Sollten einzelne Bestimmungen dieses Vertrags unwirksam sein, bleibt die Gültigkeit des Vertrags im Übrigen davon unberührt. Die unwirksame Klausel ist durch eine Bestimmung zu ersetzen, die dem in rechtlich zulässiger Weise wirtschaftlich am nächsten kommt, was die Parteien mit der unwirksamen Vereinbarung bezweckt haben."

Diese Klausel bewirkt, dass einzelne Vertragsregelungen erhalten bleiben, wenn nur eine Regelung unwirksam ist. Stellt sich aber bei der Gesamtschau des Ehevertrags heraus, dass dieser insgesamt unwirksam ist, nutzt diese salvatorische Klausel nichts.

06

Vorgehen bei Scheidung

Erstberatung hilft

Der Worst Case ist eingetreten: Sie haben sich getrennt und die Scheidung steht an. Der wichtigste Weg, egal ob Sie bereits einen Ehevertrag haben oder nicht, ist nun der zur Fachanwältin für Familienrecht.

Nehmen Sie eine Erstberatung zu den Folgen der Trennung und den Voraussetzungen der Scheidung wahr. In der Regel kostet diese Erstberatung brutto 249,90 Euro. Manche Rechtsschutzversicherungen übernehmen diese Kosten. In der Erstberatung wird Ihnen die Fachanwältin für Familienrecht genauestens erklären, welche Rechte und Pflichten Sie haben. Sie bespricht mit Ihnen außerdem, welche Ansprüche Sie geltend machen oder gegen Sie gerichtet werden können und wie das Scheidungsverfahren später abläuft. Mit dieser Erstberatung erteilen Sie weder den Auftrag, das Scheidungsverfahren einzuleiten, noch muss Ihr Ehepartner von dieser ersten Beratung erfahren. Sie erhalten aber wichtige Informationen und Grundlagen.

Wenn Sie keinen Ehevertrag vor oder während der Ehe abgeschlossen haben, erfahren Sie zunächst einmal, welche gesetzlichen Regelungen es gibt. Haben Sie einen Ehevertrag abgeschlossen, bringen Sie diesen bitte zur Erstberatung mit.

Bitte vereinbaren Sie einen Beratungstermin nur für sich. Auch hier gilt, dass die Rechtsanwältin eine Interessensvertreterin ist und immer nur die Interessen von einem der Ehepartner vertreten kann. Den gemeinsamen Scheidungsanwalt gibt es nicht, das wäre eine klassische Interessenskollision. Es gibt zwar die Scheidung mit einem Anwalt. Das bedeutet aber, dass nur einer der Ehepartner anwaltlich vertreten ist, während der andere Ehepartner keinen Anwalt hat und im Scheidungsverfahren lediglich seine Zustimmung zur Scheidung erklärt.

Die Rechtsanwältin muss immer die Interessen desjenigen Ehepartners vertreten, der sie beauftragt hat. Den anderen Ehepartner kann sie nur informieren. Eine unabhängige Beratung jedes einzelnen Ehepartners ist daher bei einer Trennung ebenfalls unbedingt anzuraten.

Erleichterung des Scheidungsverfahrens

Weniger belastend und reibungsloser verläuft eine Scheidung, wenn sich das Paar bereits zuvor über die Folgen vertraglich geeinigt hat. Auch das Scheidungsverfahren selbst lässt sich durch bestimmte Vorkehrungen abkürzen.

Kommt es zur Trennung und Sie haben einen vorsorgenden Ehevertrag abgeschlossen, der noch zu Ihrer jetzigen Situation passt, geht das Scheidungsverfahren selbst ohne langwierige Streitigkeiten über die Bühne. Sie wissen, was Ihnen nach dem Ehevertrag an Unterhalt zusteht, wie der Zugewinnausgleich geregelt ist und ob und wie die gemeinsame Immobilie auseinandergesetzt wird. So können Sie sich auf die emotional schwierige Situation einlassen, ohne zusätzlich finanzielle Probleme lösen zu müssen.

Mit einem Ehevertrag, der die Folgen der Trennung regelt, wissen Sie bei der Trennung bereits, ob und in welcher Höhe und bis wann Sie Unterhaltszahlungen erhalten oder leisten müssen (siehe „Vorteile einer Scheidungsfolgenvereinbarung", ab Seite 141). Sie haben im Idealfall geregelt, wer in der Immobilie wohnen bleibt. Außerdem haben Sie Gewissheit darüber, ob und gegen welche Ausgleichszahlung Sie oder Ihr Ehepartner die Immobilie zum Alleineigentum übernimmt. Alle diese Fragen müssen Sie ohne Ehevertrag möglichst unmittelbar nach der Trennung klären. Vor allem die finanzielle Ungewissheit bei der Trennung von Eheleuten ist schwierig und bedeutet neben der menschlichen Enttäuschung über das Scheitern der Beziehung Stress für Sie und für Ihren Ehepartner sowie für gemeinsame Kinder.

Verzicht auf Versorgungsausgleich

Das Scheidungsverfahren selbst kann tatsächlich auch verkürzt werden, jedenfalls dann, wenn Sie im Ehevertrag die Durchführung des Versorgungsausgleichs ausgeschlossen haben. Wird der Versorgungsausgleich „von Amts wegen", also vom Gericht, eingeleitet, dauert das Verfahren ab Einreichung des Scheidungsantrags bis zum Verhandlungstermin vor dem Amtsgericht mindestens ein halbes Jahr. Die lange Verfahrensdauer liegt daran, dass das Familiengericht zunächst bei allen Rentenversorgungsträgern – der gesetzlichen Rentenversicherung, den privaten Rentenversicherungsträgern, den öffentlichen Zusatzversorgungskassen sowie den betrieblichen Altersvorsorgeversicherungen – alle Auskünfte zu den in der Ehezeit erworbenen Rentenanwartschaften einholen muss. Insbesondere die gesetzliche Rentenversicherung braucht für diese Auskunft mehrere Monate. Dies ist darin begründet, dass Ihr komplettes Rentenkonto geklärt wird. Das bedeutet, dass nicht nur für die Zeit, in der Sie verheiratet waren, sondern auch für die Zeiten Ihrer Schulbildung, Berufsausbildung, Ihres Studiums und des sich anschließenden Erwerbslebens alle für die spätere Rente wichtigen Nachweise angefordert, geprüft und registriert werden. Manchmal wird die Rentenversicherung von Ihnen Schulzeugnisse oder etwa den Gesellenbrief oder Nachweise zum Studium verlangen. Dies alles dauert mehrere Monate. Das Familiengericht darf erst dann den Verhandlungstermin zur Scheidung bestimmen, wenn alle Auskünfte zum Versorgungsausgleich vorliegen und auch der Versorgungsausgleich vom Familiengericht entschieden werden kann.

Scheidung im Schnellverfahren

Ein herkömmliches Scheidungsverfahren bedeutet aus zeitlichen Gesichtspunkten, dass Sie ab der Trennung von Ihrem Ehepartner zunächst das Trennungsjahr abwarten müssen. Erst anschließend dürfen Sie den Scheidungsantrag einreichen. Das Scheidungsverfahren dauert dann meist noch einmal ein halbes Jahr bis zum Verhandlungstermin. Ab der Trennung von Ihrem Ehepartner bis zur rechtskräftigen Scheidung vergehen also in der Regel anderthalb Jahre oder mehr.

Wenn Sie nun über den Ehevertrag den Versorgungsausgleich ausgeschlossen haben, lässt sich das Scheidungsverfahren mindestens um ein halbes Jahr verkürzen. Sie warten das Trennungsjahr ab, reichen die Scheidung ein und haben je nach Terminlage des Familiengerichts innerhalb von vier bis sechs Wochen den Verhandlungstermin zur Scheidung.

Häufig kommen in die Beratung nach einer Trennung Ehepaare, die möglichst schnell geschieden werden möchten. Für sie kann es sich wegen der Abkürzung des Scheidungsverfahrens anbieten, noch in der Trennungszeit den Versorgungsausgleich notariell beurkundet ausschließen zu lassen. Voraussetzung ist, dass beide Eheleute ausreichend für ihr Alter versorgt sind. Eine Formulierung zum Ausschluss des Versorgungsausgleichs könnte wie folgt lauten:

„Für den Fall der Scheidung unserer Ehe schließen wir die Durchführung des gesetzlichen Versorgungsausgleichs aus."

Sie sollten zusätzlich aufnehmen, dass Sie beide davon ausgehen, dass Sie zukünftig selbst ausreichend für Ihr Alter vorsorgen können und der Notar Sie ausreichend zur Bedeutung des Versorgungsausgleichs belehrt hat.

Ehevertrag und Scheidungsantrag

Paare, die über keinen Ehevertrag verfügen, könnten die Zeit des Trennungsjahrs sinnvoll nutzen und mit ihrem Ehepartner in Verhandlungen treten. Deren Ziel: der Abschluss einer Scheidungsfolgenvereinbarung.

Auch die Scheidungsfolgenvereinbarung ist ein Ehevertrag, der aber erst in der Zeit der Ehekrise abgeschlossen wird. Leider ist es oft aufgrund der Spannungen bei oder nach einer Trennung schwierig, zwischen Ehepartnern die rechtlichen Folgen der Trennung ohne Emotionen und Schuldzuweisungen zu regeln. Dennoch sollte eine solche Scheidungsfolgenvereinbarung das Ziel einer anwaltlichen Beratung sein.

Vorteile einer Scheidungsfolgenvereinbarung

Eine Scheidungsfolgenvereinbarung ist von Nutzen, selbst wenn Sie diese erst vor Einreichung des Scheidungsantrags oder während des Scheidungsverfahrens abgeschlossen haben. Denn das Scheidungsverfahren verkürzt sich dadurch deutlich und wird in der Regel zudem kostengünstiger.

In der Scheidungsfolgenvereinbarung können Sie alle Punkte regeln, die auch in einem vorsorgenden Ehevertrag geregelt werden. Insbesondere sollten Regelungen zu folgenden Fragen enthalten sein: Ob und in welcher Höhe muss Trennungsunterhalt von wem geleistet werden muss? Ob und in welcher Höhe wird wie lange nachehelicher Unterhalt geschuldet? Wie wird das gemeinsame Vermögen geteilt und wie werden eine oder mehrere gemeinsame Immobilien aufgeteilt? Ob und in welcher Höhe besteht ein Zugewinnausgleichsanspruch? Wer wohnt weiterhin in der Immobilie und wer zieht aus? In welcher Höhe und nach welchen Grundlagen wird Kindesunterhalt gezahlt? Wie wird die Betreuung der Kinder zukünftig aufgeteilt? Werden erbvertragliche oder testamentarische Regelungen geändert oder aufgehoben?

Sofern Sie sich über grundlegende Dinge noch nicht einig sind, sollte jeder von Ihnen beiden einen eigenen Rechtsanwalt mit der Beratung und dem Verhandeln der Scheidungsfolgenvereinbarung beauftragen. Wenn Sie sich zu den Trennungsfolgen schon umfassend geeinigt haben, können Sie die Scheidungsfolgenvereinbarung auch sofort von einer Notarin entwerfen und dort beurkunden lassen.

Prüfung durch Anwältin oder Steuerberater

Bevor Sie allerdings einen Notartermin vereinbaren, sollten Sie zumindest den Entwurf der Scheidungsfolgenvereinbarung von einer Rechtsanwältin und einem Steuerberater prüfen lassen.

Oft finden sich noch Punkte, an die Sie vielleicht bei der Beauftragung der Notarin nicht gedacht haben, die aber in der Scheidungsfolgenvereinbarung enthalten sein sollten. So wird zum Beispiel oft übersehen, dass derjenige Ehepartner, der Ehegattenunterhalt zahlt, diese Beträge in seiner Steuererklärung bis zu einem Höchstbetrag von 13 805 Euro als Sonderausgaben geltend machen kann. Hierzu muss dem Finanzamt die Anlage U vorgelegt werden, in der der Unterhaltsempfänger bestätigt, in welcher Höhe er Unterhalt erhalten hat. Wenn der Sonderausgabenabzug geltend gemacht wird, muss der Unterhaltsempfänger die Unterhaltszahlungen versteuern. Der Unterhaltszahler wiederum muss dann dem Unterhaltsempfänger die Steuern, die dieser deshalb leisten muss, ausgleichen.

In einer Scheidungsfolgenvereinbarung sollte also ein Passus zum begrenzten Realsplitting aufgenommen werden – etwa folgendermaßen formuliert:

„Die Ehefrau stimmt dem begrenzten Realsplitting gemäß § 10 Abs. 1a NR. 1 EstG zu und verpflichtet sich gegenüber dem Ehemann, jährlich die „Anlage U" zur Einkommensteuererklärung zu unterzeichnen. Im Gegenzug verpflichtet sich der Ehemann, der Ehefrau alle durch die Inanspruchnahme des begrenzten Realsplittings entstehenden steuer- oder sozialversicherungsrechtlichen Nachteile zu erstatten gegen Vorlage des Einkommensteuerbescheids und sonstiger Nachweise (z. B. Beitragsbescheid der Krankenversicherung). Die Erstattung umfasst auch die angemessenen Kosten eines Steuerberaters."

Für den Unterhaltszahler ist es wichtig, sich vor Inanspruchnahme dieser Möglichkeit beim Steuerberater Folgendes berechnen zu lassen: Übersteigt der Vorteil, den er durch das begrenzte Realsteuersplitting bei seiner Steuer hat, den Nachteil, den die Unterhaltsempfängerin durch die dann notwendige Versteuerung des Unterhalts hat, sowie die dadurch entstehenden weiteren Nachteile? Oft wird hierbei übersehen, dass eine Krankenversicherungspflicht durch Versteuerung der Unterhaltszahlungen entstehen kann. Auch das sollte also in der Scheidungsfolgenvereinbarung geklärt werden.

Manchmal kommt es in Betracht, den Versorgungsausgleich auf andere Weise durchführen zu lassen, als es das Gesetz vorsieht. Nehmen wir zum Beispiel an, Sie sind sich über alle anderen Trennungsfolgen einig, es gibt nichts weiter zu regeln und Sie wollen eine einvernehmliche Scheidung mit einer Anwältin durchführen. Sind Sie nun jedoch Beamtin und Ihr Ehepartner ist Angestellter, bietet sich eine notarielle Regelung des Versorgungsausgleichs an.

Spezielle Regeln für den Versorgungsausgleich

Sie können nach Paragraf 6 Versorgungsausgleichsgesetz Vereinbarungen zum Versorgungsausgleich treffen. Wenn gesetzliche Rentenanwartschaften Ihres Ehepartners an Sie als Beamtin übertragen werden, kann es sein, dass Sie aus diesen gesetzlichen Rentenanwartschaften später keine Rente beziehen können, weil Sie die notwendige Wartezeit nicht erfüllen. Dann können Sie mit Ihrem Partner eine Verrechnungsvereinbarung schließen und Ihre Pensionsansprüche nur gekürzt um die eigentlich zu übertragenden gesetzlichen Rentenanwartschaften übertragen lassen. Die Formulierung könnte so aussehen: „Nach den vorliegenden Auskünften hat die Ehefrau Pensionsansprüche in Höhe von monatlich 800 Euro in der Ehezeit erworben, der Ehemann hat in der gesetzlichen Rentenversicherung Rentenanwartschaften in Höhe von monatlich 300 Euro erworben. Auszugleichen wäre der Pensionsanspruch mit 400 Euro zugunsten des Ehemanns und die gesetzliche Rentenanwartschaft in Höhe von 150 Euro zugunsten der Ehefrau. Die Eheleute vereinbaren, dass die Ehefrau auf einen Ausgleich der gesetzlichen Rentenanwartschaft verzichtet und der Ausgleich der Pensionsansprüche der Ehefrau zugunsten des Ehemanns lediglich in Höhe von 250 Euro erfolgt."

Im Rahmen des Scheidungsverfahrens erhalten Sie über das Familiengericht die Auskünfte zum Versorgungsausgleich. Es wird von der gesetzlichen Rentenversicherung übermittelt, welcher Betrag von Ihrer zukünftigen Rente auf das Rentenkonto Ihres Ehepartners umgebucht wird und welcher Betrag umgekehrt von dem Rentenkonto Ihres Ehepartners auf Ihr Rentenkonto umgebucht wird. Zusätzlich erhalten Sie Auskünfte darüber, welcher Anteil von der privaten Rentenversicherung und welcher Anteil von der betrieblichen Altersvorsorge umgebucht wird. Erst wenn Ihnen alle Auskünfte vorliegen, kann im Grunde überblickt werden, wie sich der nach dem Gesetz durchzuführende Versorgungsausgleich auf Ihre spätere Rente auswirkt.

Zu diesem Zeitpunkt können Sie über eine notarielle Vereinbarung gleichfalls bestimmte Rentenanrechte vom Versorgungsausgleich ausnehmen. Sie könnten beispielsweise Folgendes vereinbaren:

„Der Ehemann ist als kaufmännischer Angestellter tätig und hat während der Ehezeit sowohl gesetzliche als auch betriebliche und private Rentenanwartschaften erworben. Die Ehefrau ist selbstständig und hat während der Ehezeit ausschließlich private Rentenanwartschaften erworben. Für die betrieblichen und privaten Rentenanwartschaften schließen wir hiermit nach § 6 Versorgungsausgleichsgesetz gegenseitig den Versorgungsausgleich vollständig und für die gesamte Ehezeit aus. Hinsichtlich der gesetzlichen Rentenanwartschaften soll es bei den gesetzlichen Bestimmungen zum Versorgungsausgleich bleiben. Diesen Verzicht nehmen wir wechselseitig an."

Im Rahmen der Vereinbarungen zum Versorgungsausgleich ist es im Übrigen zudem möglich, die Ausgleichsquote abzuändern – auch wenn dies weitgehend unbekannt ist und in der Praxis eher selten vorkommt. Nach den gesetzlichen Regelungen sind die in der Ehezeit jeweils erworbenen Rentenanrechte immer zur Hälfte auszugleichen. Diese Ausgleichsquote kann reduziert werden, zum Beispiel auf ein Drittel. Eine Erhöhung über den hälftigen Anteil hinaus ist allerdings nicht möglich.

Verzicht auf Versorgungsausgleich

Möglich ist es ferner, auf den Versorgungsausgleich zu verzichten gegen Zahlung eines Einmalbetrags oder gegen Übertragung einer anderen Versorgung. So kann beispielsweise derjenige Ehepartner, der die höheren Rentenanwartschaften erworben hat, dem anderen statt des hälftigen Ausgleiches im Versorgungsausgleich vom Gericht durchführen zu lassen, seine Lebensversicherung mit gleichem Kapitalwert übertragen oder sich verpflichten, eine solche Lebensversicherung für den Ehepartner abzuschließen. Die entsprechende Formulierung könnte lauten:

„Wir schließen die Durchführung des Versorgungsausgleichs für unser Ehe aus. Die Ehefrau verpflichtet sich, zum Ausgleich der Wertunterschiede der einzelnen in der Ehezeit erworbenen Rentenanrechte zugunsten des Ehemanns eine Kapital-Lebensversicherung mit Rentenwahlrecht auf ihren Todesfall abzuschließen, fällig zum 67. Lebensjahr des Ehemanns. Die Ehefrau verpflichtet sich gegenüber der Lebensversicherung, zugunsten des Ehemanns ein unwiderrufliches Bezugsrecht einzuräumen. Die Lebensversicherung soll mindestens eine monatliche Rente von 800 Euro erzielen. Für den Fall, dass die Ehefrau mit mindestens zwei Monatsbeiträgen in Verzug gerät, behält der Ehemann sich einen Rücktritt vom Ausschluss des Versorgungsausgleiches vor."

Es kann auch eine Einmalzahlung in Höhe der grundsätzlich zu übertragenden Kapitalwerte erfolgen. Über das Familiengericht werden alle Auskünfte zu den in der Ehezeit erworbenen Rentenanwartschaften übersandt. In der Regel wird vor dem Verhandlungstermin zudem eine Übersicht zu allen in der Ehezeit erworbenen Anrechten unter Angabe der Kapitalwerte überreicht. Anhand dieser Kapitalwerte kann dann eine Ausgleichssumme ermittelt werden. Ein Formulierungsbeispiel:

„Wir schließen die Durchführung des Versorgungsausgleichs für unsere Ehe aus. Zum Ausgleich der Wertunterschiede der einzelnen Rentenanrechte verpflichtet sich der Ehemann zur Zahlung eines Kapitalbetrags in Höhe von 30 000 Euro an die Ehefrau. Die Zahlung ist fällig zwei Wochen nach Eintritt der Rechtskraft der Scheidung."

Grundlagen der Unterhaltsberechnung

Zum Zeitpunkt der Erstellung einer Scheidungsfolgenvereinbarung sind im Gegensatz zum Zeitpunkt des Abschlusses eines vorsorgenden Ehevertrags die Grundlagen zur Berechnung von Unterhalt bekannt. So wissen beide Eheleute, über welches monatliche Einkommen sie verfügen und wer die gemeinsamen Kinder betreut. Letztendlich muss sowohl beim Ehegattenunterhalt als auch beim Kindesunterhalt über die jeweilige Höhe der Zahlung verhandelt werden. Beim nachehelichen Unterhalt wiederum gilt es sich zu einigen, wie lange gezahlt wird.

In der Scheidungsfolgenvereinbarung sollten unbedingt die Grundlagen für die Unterhaltsberechnung festgelegt sein. Um den Status der Eheleute zu ermitteln, sind folgende Einzelheiten zu berücksichtigen: Voll- oder Teilzeittätigkeit, welcher Beruf, Höhe der durchschnittlichen

Einkünfte, Höhe der unterhaltsrelevanten Abzüge wie private Krankenversicherung, zusätzliche Altersvorsorge (Beiträge zu Lebensversicherungen), Kreditzahlungen etc. Ein Formulierungsbeispiel:

„Der Ehemann ist seit 1992 sozialversicherungspflichtig als kaufmännischer Angestellte beschäftigt mit einem durchschnittlichen Nettoeinkommen von ca. 3500 Euro. Die Ehefrau ist seit 2011 selbstständig und Inhaberin der Firma X mit einem monatlichen Nettoeinkommen von ca. 2500 Euro. Bei der Ehefrau werden von diesem Nettoeinkommen Abzüge für Steuervorauszahlungen in Höhe von vierteljährlich 350 Euro sowie private Krankenversicherung von monatlich 400 Euro berücksichtigt."

Die Aufnahme dieser Daten in der Scheidungsfolgenvereinbarung ist wichtig, um bei einer Veränderung der Grundlagen die Regelung abändern zu können. Nehmen wir beispielsweise an, Sie haben in der Scheidungsfolgenvereinbarung geregelt, dass Sie für Ihre beiden Kinder Unterhalt nach Einkommensgruppe 5 der Düsseldorfer Tabelle zahlen – dies entspricht einem Nettoeinkommen von 3301 bis 3700 Euro. Aufgrund einer unverschuldeten Kündigung und einem Arbeitswechsel verdienen Sie nun nur noch netto 2750 Euro. Damit ist Kindesunterhalt nach Einkommensgruppe 3 geschuldet. Nach dem Gesetz können Sie in dieser Situation die notarielle Vereinbarung abändern. Dies ist jedoch nur möglich, wenn in der notariellen Urkunde die gesetzlichen Abänderungsmöglichkeiten vorbehalten und nicht ausgeschlossen wurden. Anderenfalls kann der Unterhalt nicht mehr geändert und nicht Ihren tatsächlichen Einkommensverhältnissen angepasst werden.

Sinnvoll ist darüber hinaus eine Regelung, die eine Dynamisierung der Beträge vorsieht. Das bedeutet, dass bei Änderung der Düsseldorfer Tabelle und bei Älterwerden der Kinder die Kindesunterhaltsbeträge automatisch angepasst werden und nicht immer wieder ein neuer Titel erstellt werden muss. Sind die Kinder eines Paars zum Beispiel sechs und neun Jahre alt und werden von der Ehefrau betreut, könnte ein entsprechender Passus folgendermaßen formuliert werden:

„Der Ehemann verpflichtet sich, an seinen Sohn Max, geboren am 11.03.2018 (derzeit sechs Jahre alt), und an seine Tochter Emma, geboren am 25.02.2015 (derzeit neun Jahre alt), zu Händen seiner Ehefrau monatlich zum Ersten eines jeden Monats im Voraus jeweils Kindesunterhalt in Höhe von 120 Prozent des Mindestunterhalts nach § 1612a BGB entsprechend der jeweiligen Altersstufe unter Anrechnung des jeweils hälftigen Kindergelds zu zahlen. Die Zahlbeträge belaufen sich im Moment auf jeweils 537 Euro."

Höhe und Dauer von nachehelichem Unterhalt

Im Rahmen des Scheidungsverfahrens ist auch klar, ob und inwieweit die betreuenden Elternteile einer Erwerbstätigkeit nachgehen. Es kann dann eine umfassende Vereinbarung zu der Frage geschlossen werden, in welcher Höhe nachehelicher Unterhalt gezahlt wird und bis wann.

Gehen wir also von einer Einigung darüber aus, dass der nacheheliche Unterhalt wegen Betreuung der Kinder, also der Betreuungsunterhalt gemäß Paragraf 1570 BGB, bis zum Abschluss der 5. Klasse der weiterführenden Schule durch das jüngste Kind gezahlt werden soll und Sie sich auf einen monatlichen Betrag von 300 Euro geeinigt haben. Folgende Formulierung könnte dies festschreiben:

„Der Ehemann verpflichtet sich, für die Zeit ab Rechtskraft der Scheidung bis zur Vollendung der 5. Klasse der weiterführenden Schule durch den gemeinsamen Sohn Max an die geschiedene Ehefrau monatlichen Betreuungsunterhalt gemäß § 1570 BGB in Höhe von 300 Euro zum Ersten eines jeden Monats im Voraus zu zahlen."

Zwei ausformulierte Beispiele für Scheidungsfolgenvereinbarungen finden Sie im Anhang ab Seite 152. Eines der Muster bildet eine Vereinbarung ohne weitere Ansprüche ab, das andere enthält individuelle Zusatzregelungen.

Unwirksame Eheverträge

Ein Ehevertrag kann aus unterschiedlichen Gründen seine Gültigkeit verlieren. Generell ist zu beachten: Keiner der Partner darf durch die Regelungen unangemessen benachteiligt werden.

Wie oben beschrieben, haben die Familiengerichte und insbesondere das oberste Gericht, der Bundesgerichtshof, in den vergangenen 20 Jahren konkrete Entscheidungen zu der Frage der Wirksamkeitskontrolle von Eheverträgen getroffen. Sie haben dazu Leitlinien aufgestellt, an denen sich die Familiengerichte, die Rechtsanwälte und die Notare bei der Erstellung, Prüfung und Anfechtung von Eheverträgen orientieren.

Es wird geschätzt, dass bis zu 50 Prozent der vor etwa 20 Jahren abgeschlossenen Eheverträge unwirksam sind. Umso wichtiger ist es, dass Sie Ihren einmal abgeschlossenen Ehevertrag regelmäßig prüfen, gegebenenfalls auch anwaltlich prüfen lassen und anpassen.

Sobald ein Unternehmen im Spiel war, ist in der Vergangenheit nahezu reflexartig im Ehevertrag Gütertrennung vereinbart worden, oft auch mit gleichzeitigem Verzicht auf Zugewinn, Unterhalt und Versorgungsausgleich. Viele dieser Verträge sind aufgrund der in den letzten 20 Jahren ergangenen Rechtsprechung heute unwirksam und angreifbar.

Außerhalb dieser umfangreichen Rechtsprechung gibt es „Eheverträge", die von vornherein unwirksam sind.

Gefahren privatschriftlicher Verträge

Das gilt etwa für Verträge, die privatschriftlich aufgesetzt und nicht notariell beurkundet wurden. Ein Beispiel hierfür: Das Ehepaar Müller hat sich im Rahmen seiner Trennung zusammengesetzt und sich auf einige Punkte geeinigt. Das Paar verfasst dann folgendes Schriftstück, das beide unterschreiben:

1. Wir trennen uns zum 01.03.2023. Im Februar 2024 reicht Herr Müller die Scheidung ein.
2. Frau Müller verzichtet auf Trennungsunterhalt.
3. Die Kinder Max und Emma haben zukünftig ihren Lebensmittelpunkt bei Frau Müller. Herr Müller kann die Kinder alle 14 Tage über das Wochenende von Freitagabend 18 Uhr bis Sonntagabend 18 Uhr sehen und die Ferien hälftig mit ihnen verbringen.
4. Auf Kindesunterhalt verzichtet Frau Müller.
5. Zur Zahlung eines möglichen Zugewinnausgleichs wird vereinbart, dass Herr Müller an Frau Müller einen Betrag von 15 000 Euro zahlt. Auf weitere Zugewinnausgleichsansprüche verzichten wir.
6. Die Immobilie in der Musterstraße in München übernimmt Herr Müller als Alleineigentümer. Er übernimmt auch alle darauf lastenden Darlehen.

Einige Regelungen dieser Vereinbarung sind rechtswirksam, eine Reihe von Punkten sind jedoch unwirksam.

Punkt 1: Der Trennungszeitpunkt kann zwischen den Eheleuten vereinbart werden. Dieser Punkt ist damit rechtswirksam.

Punkt 2: Es gibt ein gesetzliches Verbot zum Verzicht auf zukünftigen Trennungsunterhalt in Paragraf 1614 BGB. Dieses Verbot kann über eine privatschriftliche Vereinbarung nicht ausgehebelt werden. Folglich könnte Frau Müller trotz dieser Vereinbarung gegen Herrn Müller noch Trennungsunterhaltsansprüche durchsetzen.

Punkt 3: Die Vereinbarung zum zukünftigen Lebensmittelpunkt der Kinder und zur Gestaltung der Umgangskontakte mit Herrn Müller kann privatschriftlich erfolgen und entfaltet auf diese Weise Rechtswirkung.

Punkt 4: Auch auf Kindesunterhalt kann für die Zukunft nicht verzichtet werden. Hier gilt ebenfalls das Verbot des Paragrafen 1614 BGB. Diesen Anspruch kann Frau Müller als betreuende Mutter gleichfalls noch gegen Herrn Müller geltend machen.

Punkt 5: Diese Vereinbarung ist formnichtig. Regelungen zum Güterstand müssen notariell beurkundet (§§ 1408, 1410 BGB) oder gerichtlich protokolliert werden, und zwar unter Beteiligung zweier Rechtsanwälte (§ 1378 Abs. 3 BGB). Die privatschriftliche Vereinbarung eines Güterstands oder Regelungen zur Zahlung eines bestimmten Betrags zum Zugewinnausgleich sowie der Verzicht auf einen Zugewinnausgleich unterliegen diesem Formzwang. Hier könnte Frau Müller noch drei Jahre nach rechtskräftiger Scheidung einen Zugewinnausgleichsanspruch geltend machen. Erst dann tritt Verjährung ein.

Punkt 6: Sämtliche Regelungen, die die Übertragung von Eigentum an Immobilien betreffen, bedürfen der notariellen Beurkundung. Mit dieser Regelung ist also das Eigentum an der Immobilie nicht rechtswirksam auf Herrn Müller übertragen. Frau Müller ist weiterhin Eigentümerin. Auch die Übernahme der Darlehensverbindlichkeiten durch Herrn Müller wirkt nur im Innenverhältnis, nicht aber gegenüber der Bank als Darlehensgeberin. Wenn Herr Müller also die Darlehensraten nicht zahlt, kann weiterhin die Bank an Frau Müller als Mitdarlehensnehmerin herantreten und von ihr die Zahlung der fehlenden Rate verlangen.

Das Fazit lautet also: Es ist dringend davon abzuraten, privatschriftliche Trennungsvereinbarungen ohne anwaltliche Beratung abzufassen. Diese bergen große Risiken und sind in den meisten Fällen nicht formwirksam abgeschlossen.

Übervorteilung durch sittenwidrige Verträge

Eheverträge, die eine Notlage eines Ehepartners ausnutzen, sind sittenwidrig und damit nichtig. Wenn Ihr Ehepartner intellektuell nicht in der Lage ist, die Folgen des Ehevertrags zu überblicken und ihm keine Gelegenheit gegeben wird, sich vorab dazu umfassend beraten zu lassen, wird dadurch seine Unerfahrenheit in solchen Angelegenheiten ausgenutzt und der Vertrag ist nichtig.

Der Ehevertrag ist ebenfalls nichtig, wenn etwa die Ehefrau zum Zeitpunkt des Vertragsabschlusses schwanger ist, der Ehepartner finanziell oder psychisch abhängig ist oder ihm gedroht wurde. Das Gleiche gilt für offenkundig einseitige Eheverträge.

Auch eine Verknüpfung von sorge- und umgangsrechtlichen Vereinbarungen mit finanziellen Verpflichtungen ist nichtig und kann in einem Ehevertrag nicht vereinbart werden.

Die Übertragung des alleinigen Sorgerechts auf einen Elternteil kann ohne Beteiligung des Familiengerichts nicht in einem Ehevertrag geregelt werden. Die Eltern können also nicht festlegen, dass im Fall der Scheidung das Sorgerecht zum Beispiel auf die Mutter übertragen wird. Sie können jedoch im Ehevertrag die Absicht bekunden, dem Familiengericht vorzuschlagen, dass die elterliche Sorge gemäß Paragraf 1671 Abs. 2 Nr. 1 BGB auf die Mutter übertragen wird. Mit dieser Formulierung kann die Mutter im Anschluss beim Familiengericht die Übertragung des alleinigen Sorgerechts beantragen und dürfte diese dann problemlos per Beschluss erhalten.

Möglich ist es in diesem Zusammenhang darüber hinaus, im Ehevertrag eine umfassende Sorgerechtsvollmacht für den betreuenden Elternteil zu erteilen. Diese lässt sich folgendermaßen formuliert:

„Für unsere gemeinsamen Kinder Paul und Pia erteile ich, Max Müller, der Mutter der Kinder, Anja Müller, umfassende Vollmacht. Sie ist hiermit ermächtigt, mich in folgenden Angelegenheiten die Kinder betreffend zu vertreten: Gesundheitsfürsorge, Aufenthaltsbestimmung, Regelung des Umgangs, Behördenangelegenheiten, Vermögenssorge, schulische Angelegenheiten und Vertretung gegenüber Kindertagesstätten."

Diese Vollmacht kann jederzeit widerrufen werden, wenn der sie erteilende Elternteil feststellt, dass die Vollmacht nicht in seinem Sinn ausgeübt wird. Dann tritt wieder die gemeinsame Sorge ein.

?!

Service

Musterverträge

Bitte beachten Sie: Nachstehende Formulierungen dienen nur zur Orientierung. Sie müssen immer Ihre individuelle Situation betrachten und sich dahingehend anwaltlich beraten lassen. Zudem wird der Notar Sie umfassend zu den Folgen der einzelnen Regeln belehren.

Beispiel 1: Scheidungsfolgenvereinbarung ohne weitere Ansprüche

Wenn Sie übereinstimmen, dass Sie gegenseitig keine Ansprüche im Rahmen des Scheidungsverfahrens geltend machen wollen und mit der Scheidung alle Ansprüche zwischen Ihnen erledigt sein sollen, kann eine Scheidungsfolgenvereinbarung wie folgt aussehen:

Es erschienen
1. Ehefrau Maria Mustermann, geb. am 01.01.1969, Adresse
2. Ehemann Max Mustermann, geb. am 01.10.1965, Adresse
und baten um Beurkundung der folgenden Scheidungsfolgenvereinbarung:

A. Vorbemerkung

1. Zu ihren persönlichen Verhältnissen machten die Beteiligten folgende Angaben:
   a. Wir haben am 03.07.2015 vor dem Standesbeamten in Berlin die Ehe geschlossen. Für beide Ehegatten ist dies die erste Ehe.
   b. Wir sind beide ausschließlich deutscher Staatsangehörigkeit mit gewöhnlichem Aufenthalt in Deutschland, von Geburt an.
   c. Ehevertragliche Vereinbarungen haben wir bisher nicht getroffen.
   d. Wir haben keine gemeinsamen Kinder.
   e. Seit Januar 2023 leben wir voneinander getrennt. Wir beabsichtigen, uns scheiden zu lassen. Ein Scheidungsantrag ist beim zuständigen Familiengericht – Amtsgericht Düsseldorf – rechtshängig unter dem dortigen Az. 23 F xx/2024.

2. Zu ihren Einkommensverhältnissen machten die Beteiligten folgende Angaben:
   a. Der Ehemann ist Diplom-Kaufmann. Er verfügt über ein monatliches Nettoeinkommen in Höhe von ca. 3 000 Euro.
   b. Die Ehefrau ist Erzieherin. Sie verfügt über ein monatliches Nettoeinkommen von ca. 1850 Euro.
   c. Beide Ehegatten sind gesetzlich rentenversichert. Weitere Rentenanwartschaften bestehen nicht.

Die nachstehenden Regelungen sollen auch Bestand haben, wenn die Beteiligten ihre aktuelle Scheidungsabsicht wieder aufgeben sollten.

B. Ehevertragliche Regelungen

§ 1 Gütertrennung
Die Beteiligten schließen für ihre Ehe mit sofortiger Wirkung den gesetzlichen Güterstand der Zugewinngemeinschaft aus und vereinbaren stattdessen den Güterstand der Gütertrennung.

§ 2 Zugewinnausgleich
Soweit der während der Ehe bisher von einem Ehegatten erzielte Zugewinn den Zugewinn des anderen Ehegatten übersteigt, verzichten die Beteiligten auf den Ausgleich dieses Zugewinns und erlassen sich gegenseitig etwaige weitergehende Ausgleichsforderungen.

§ 3 Ehewohnung und Hausrat
Die Beteiligten leben getrennt. Eine gemeinsame Ehewohnung haben sie derzeit nicht.
Den Hausrat haben die Beteiligten bereits einverständlich aufgeteilt. An denjenigen Gegenständen, die sich im Haushalt und in der Wohnung des einen Ehegatten befinden, hat der andere Ehegatte keinerlei Besitz oder Eigentumsrecht, was die Beteiligten hiermit gegenseitig anerkennen.

§ 4 Unterhalt
Für die Zeit nach rechtskräftiger Scheidung der Ehe verzichten die Beteiligten gegenseitig auf Unterhalt gemäß §§ 1569 ff. BGB, egal aus welchem Rechtsgrund. Den Verzicht nehmen die Beteiligten wechselseitig an.

§ 5 Versorgungsausgleich
Wir schließen die Durchführung des gesetzlichen Versorgungsausgleichs für den Fall der Scheidung aus.

§ 6 Abgeltungsklausel
Die Beteiligten sind sich darüber einig, dass durch die vorgenannten Vereinbarungen und mit Durchführung dieser Urkunde keinerlei gegenseitigen Ansprüche, gleich welcher Art, mehr zwischen ihnen bestehen, unabhängig davon, ob sie bei Abschluss dieses Vertrags bekannt sind oder nicht.

§ 7 Kosten
Die mit diesem Vertrag verbundenen Kosten tragen die Beteiligten je zur Hälfte.

Beispiel 2: Scheidungsfolgenvereinbarung mit individuellen Zusatzregelungen

Wenn sich Eheleute im Rahmen des Scheidungsverfahrens auf alle Folgesachen geeinigt haben, könnte eine weitere hier beispielhaft entworfene Übereinkunft zwischen ihnen getroffen werden. Sie könnten darin vereinbaren, dass der Versorgungsausgleich nur hinsichtlich der gesetzlichen Rentenanwartschaften durchgeführt werden soll, der nacheheliche Unterhaltsanspruch der Ehefrau auf fünf Jahre ab Rechtskraft der Scheidung in Höhe von 300 Euro gezahlt wird. Außerdem soll die Ehefrau zum Ausgleich des Zugewinnausgleichs einen Betrag von 50 000 Euro erhalten. Zudem soll die Übertragung des hälftigen Miteigentumsanteils an die Ehefrau gegen einen Abfindungsbetrag und unter Haftungsfreistellung von den Hausfinanzierungsdarlehen im Innen- und Außenverhältnis erfolgen. Folgende Formulierung könnte diese Regelungen zusammenfassen:

Es erschienen
Ehefrau Maria Mustermann, geb. am 01.01.1969, Adresse
Ehemann Max Mustermann, geb. am 01.10.1965, Adresse
und baten um Beurkundung der folgenden Scheidungsfolgenvereinbarung:

A. Vorbemerkung

Die Beteiligten erklären, dass sie jeweils ausreichend Gelegenheit hatten, sich vor der Beurkundung mit dem Inhalt des Vertrags auseinanderzusetzen und diesen auch mit einseitigen anwaltlichen Beratern zu besprechen. Die heutigen Vereinbarungen stellen nach der übereinstimmenden Einschätzung beider Beteiligten eine ausgewogene und ihrer Situation angemessene Regelung dar.

1. Zu ihren persönlichen Verhältnissen machten die Beteiligten folgende Angaben:
   a. Wir haben am 03.07.2015 vor dem Standesbeamten in Berlin die Ehe geschlossen. Für beide Ehegatten ist dies die erste Ehe.
   b. Wir sind beide ausschließlich deutscher Staatsangehörigkeit mit gewöhnlichem Aufenthalt in Deutschland, von Geburt an.
   c. Ehevertragliche Vereinbarungen haben wir bisher nicht getroffen.
   d. Wir haben keine gemeinsamen Kinder.
   e. Seit Januar 2023 leben wir voneinander getrennt. Wir beabsichtigen, uns scheiden zu lassen. Ein Scheidungsantrag ist beim zuständigen Familiengericht – Amtsgericht Düsseldorf – rechtshängig unter dem dortigen Az. 23 F xx/2024.

2. Zu ihren Einkommensverhältnissen machten die Beteiligten folgende Angaben:
   a. Der Ehemann ist Diplom-Kaufmann. Er verfügt über ein monatliches Nettoeinkommen in Höhe von ca. 3000 Euro.
   b. Die Ehefrau ist Erzieherin. Sie verfügt über ein monatliches Nettoeinkommen von ca. 1850 Euro.
   c. Beide Ehegatten sind gesetzlich rentenversichert. Die Ehefrau verfügt über eine Rentenanwartschaft bei der Rheinischen Zusatzversorgungskasse, der Ehemann verfügt über eine Rentenanwartschaft bei der Nürnberger Lebensversicherungs AG.

Die nachstehenden Regelungen sollen auch Bestand haben, wenn die Beteiligten ihre aktuelle Scheidungsabsicht wieder aufgeben sollten.

B. Ehevertragliche Regelungen

§ 1 Gütertrennung
Die Beteiligten schließen für ihre Ehe mit sofortiger Wirkung den gesetzlichen Güterstand der Zugewinngemeinschaft aus und vereinbaren stattdessen den Güterstand der Gütertrennung.

§ 2 Zugewinnausgleich
Für den während der Ehe entstandenen Zugewinn zahlt der Ehemann an die Ehefrau einen Ausgleichsbetrag in Höhe von 50000 Euro. Dieser Betrag ist fällig zwei Wochen ab Rechtskraft der Scheidung in einer Summe. Mit Zahlung dieses Betrags ist der Zugewinn endgültig ausgeglichen. Auf darüber hinausgehende Zugewinnausgleichsansprüche verzichten wir hiermit wechselseitig und nehmen diesen Verzicht gegenseitig an.

§ 3 Regelung der Rechtsverhältnisse am Grundbesitz
Die Rechtsverhältnisse an dem im Eigentum der Beteiligten stehenden Grundbesitz werden geregelt wie folgt:

Übertragung des Grundbesitzes:
Der Ehemann überträgt an die Ehefrau zum Alleineigentum seinen ½ Miteigentumsanteil an dem oben näher bezeichneten Grundbesitz mit allen Rechten und Pflichten und dem gesetzlichen Zubehör.

(Es folgen Regelungen zur Vormerkung und Auflassung im Grundbuch.)

Gegenleistung

Die Ehefrau verpflichtet sich, an den Ehemann einen Abfindungsbetrag in Höhe von 150 000 Euro zu zahlen. Der Abfindungsbetrag ist fällig innerhalb von 14 Tagen, nachdem der Ehefrau die Bestätigung des Notars zugegangen ist, dass

a. die zugunsten der Ehefrau bewilligte Eigentumsvormerkung im Grundbuch eingetragen ist,
b. die Schuldübernahmegenehmigung der eingetragenen Grundschuldgläubigerin vorliegt.

Zahlt die Ehefrau bei Fälligkeit nicht, kommt sie ohne weitere Mahnung in Verzug.

Der Ausgleichsbetrag ist auf das Konto des Ehemanns bei der X-bank zu zahlen.

Behandlung eingetragener Belastungen

Der Ehemann ist Mitschuldner von Verbindlichkeiten betreffend die vorgenannte Immobilie, die über Grundschulden im Grundbuch besichert sind.

a. Die Ehefrau verpflichtet sich dem Ehemann gegenüber, ihn von diesen Verbindlichkeiten mit Wirkung ab dem Tag der Zahlung des Abfindungsbetrags freizustellen unter Einschluss aller rückständigen Zins- und Tilgungsverpflichtungen. Die Ehefrau hat dem Ehemann innerhalb von drei Monaten ab der Beurkundung durch Bestätigung der Gläubigerin nachzuweisen, dass die Haftung des Ehemanns für diese Verbindlichkeiten erloschen ist. Der Ehefrau steht es frei, dies zu bewirken, indem sie mit der Gläubigerin eine befreiende Schuldübernahme vereinbart oder eine neue Darlehensvereinbarung mit dieser oder einer anderen Gläubigerin abschließt oder die Verbindlichkeiten tilgt oder auf andere

Weise die Entlassung des Veräußerers aus den Verbindlichkeiten herbeiführt.

b. Zur Herbeiführung der Schuldübernahme ist die Mitwirkung der Gläubigerin erforderlich. Die Durchführung der Freistellung soll durch eine Erklärung der Gläubigerin, dass der Ehemann für die vorgenannten Verbindlichkeiten nicht mehr haftet, bestätigt werden.

c. Konsequenzen beim Scheitern der Freistellung:

Es ist wesentliche Pflicht der Ehefrau, die Freistellung herbeizuführen. Scheitert der Nachweis innerhalb der oben genannten Frist, ist die Eigentumsübertragung dinglich nicht mehr zu vollziehen.

§ 4 Hausrat
Den Hausrat haben die Beteiligten bereits einverständlich aufgeteilt. An denjenigen Gegenständen, die sich im Haushalt und in der Wohnung des einen Ehegatten befinden, hat der andere Ehegatte keinerlei Besitz oder Eigentumsrecht, was die Beteiligten hiermit gegenseitig anerkennen.

§ 5 Unterhalt
Für die Zeit nach rechtskräftiger Scheidung der Ehe zahlt der Ehemann an die Ehefrau einen nachehelichen Unterhaltsanspruch in Form des Aufstockungsunterhalts in Höhe von 300 Euro befristet bis fünf Jahre nach Rechtskraft der Scheidung.

§ 6 Versorgungsausgleich
Wir schließen die Durchführung des gesetzlichen Versorgungsausgleichs für den Fall der Scheidung hinsichtlich der privaten und der betrieblichen Anwartschaften aus. In Bezug auf die gesetzlichen Rentenversicherungsanwartschaften verbleibt es bei der Durchführung des gesetzlichen Versorgungsausgleichs.

§ 7 Abgeltungsklausel
Die Beteiligten sind sich darüber einig, dass durch die vorgenannten Vereinbarungen und mit Durchführung dieser Urkunde keinerlei gegenseitigen Ansprüche, gleich welcher Art, mehr zwischen Ihnen bestehen, unabhängig davon, ob sie bei Abschluss dieses Vertrags bekannt sind oder nicht.

§ 8 Kosten
Die mit diesem Vertrag verbundenen Kosten tragen die Beteiligten je zur Hälfte.

Stichwortverzeichnis

Karin Wroblowski ist seit 2007 Fachanwältin für Familienrecht. In ihrer Kanzlei im nordrhein-westfälischen Hückeswagen hat sie bereits viele Paare bei ihrem Wunsch nach einem Ehevertrag beraten und begleitete unzählige Mandantinnen und Mandanten in Trennungs- und Scheidungsfällen – mit und ohne Eheverträge. Ebenso wurden zahlreiche Scheidungsfolgenvereinbarungen von ihr entworfen und geprüft. Seit 2020 tritt sie immer wieder als Expertin für Familienrecht im Fernsehen auf, beispielsweise in der Servicezeit des ARD-Morgenmagazins und im ZDF-Verbrauchermagazin „Volle Kanne".

Die Stiftung Warentest wurde 1964 auf Beschluss des Deutschen Bundestages gegründet, um dem Verbraucher durch vergleichende Tests von Waren und Dienstleistungen eine unabhängige und objektive Unterstützung zu bieten. Mehr zu unserem Qualitätsanspruch und viele weitere Bücher finden Sie unter www.test.de.

100% Recyclingpapier · Mineralölfreie Druckfarben

Unser Umweltversprechen

Dieses Buch wurde unter Einhaltung hoher Umweltstandards nachhaltig und ressourcenschonend in Deutschland produziert.

ISBN: 978-3-7471-0824-6

Stiftung Warentest
Lützowplatz 11–13, 10785 Berlin
www.test.de, email@stiftung-warentest.de
USt-IdNr.: DE136725570

Vorständin: Julia Bönisch

Weitere Mitglieder der Geschäftsleitung: Dr. Holger Brackemann, Daniel Gläser, Dr. Birger Venn-Hein
Programmleitung: Niclas Dewitz
Autorin: Karin Wroblowski
Projektleitung: Alexandra Germann
Lektorat: Claudia Weingartner
Korrektorat: Susanne Reinhold
Grafik, Satz: Anne-Katrin Körbi
Bildnachweis: Getty Images
Verlagsherstellung: Rita Brosius (Ltg.), Romy Alig, Susanne Beeh
Druck: MEO MEDIA, eine Marke der Meinders & Elstermann GmbH & Co. KG, Belm